Les Coulisses de l'entrepreneuriat

Robin ADAM

Table des matières

Préambule

Nous vivons tous au quotidien des situations cocasses et enrichissantes qui rythment notre vie, forgent notre avenir et notre personnalité. Certains les appellent des expériences afin de laisser apparaître l'idée de développement des connaissances et l'enrichissement personnel qu'elles apportent.

Ce livre n'a pour autre but que de mettre en lumière mes propres expériences, notamment à travers ma vie professionnelle intense et riche de situations drôles, navrantes ou surréalistes selon les cas. La création d'entreprise révèle souvent la face cachée de la nature humaine, en cela elle correspond à une aventure exceptionnelle avec des enjeux importants sur les plans : professionnels, personnels et humains. Ainsi, à travers mon rôle d'accompagnateur de jeunes chefs d'entreprises, j'ai pu me frotter au cours des années à des situations et à des personnalités complexes et hors normes.

Il me paraît cependant important de procéder à certaines mises en garde quant à la perception de ce témoignage.

Loin de moi l'idée, par ce livre, de dénoncer un ou des systèmes, administratifs ou politiques, de mettre en évidence des incohérences dans le but d'œuvrer pour un quelconque courant de pensées qu'il soit idéologique, politique ou économique. Cet ouvrage est simplement le fruit de mon court parcours, alliant expériences et leçons de vie sur le ton de l'humour.

Seuls les prétentieux se prennent au sérieux et je ne pense pas l'être. C'est pourquoi ce livre laisse transparaître l'ironie des situations ou leur invraisemblance sans pour autant en tirer des généralités ou de grandes leçons de morales. Du moins telle n'est pas mon intention principale.

Nous pouvons tout démontrer et son contraire, mais mon but est principalement de divertir et non de faire polémique. Le manque d'objectivité de certaines réflexions est donc conscient et volontaire, puisqu'il n'est que le reflet de mon état d'esprit au moment décrit.

« Faute avouée à moitié pardonnée » dit-on. J'ose donc espérer que mes éventuels détracteurs ne m'en tiendront pas rigueur.

Cet ouvrage n'est pas non plus exhaustif, ce qui vous donnerait une image peu réjouissante et passionnante de ma vie professionnelle. Mais, il recense les expériences les plus significatives, enrichissantes ou marquantes.

Toutes les anecdotes sont donc tirées de faits réels. Certains passages, noms, lieux ou dates ont néanmoins été modifiés par souci de discrétion.

Les quelques libertés que j'ai pu prendre, vis à vis de la réalité, ne remettent jamais en cause le fond des histoires et leur intérêt.

Cet ouvrage représente une partie de moi, de ma vie, de mon parcours sans pour autant être une biographie. Je ne suis pas suffisamment mégalomane pour croire que ma vie puisse intéresser des lecteurs. C'est pour cette raison que je me positionne modestement en fil conducteur et narrateur, mais que les différentes personnes rencontrées au cours de ma vie professionnelle restent les personnages principaux.

« Les coulisses de l'entrepreneuriat » est le fruit d'une introspection non pas spirituelle mais intellectuelle, où la réalité dépasse souvent la fiction. Bienvenue dans mon monde.

Entrée dans la vie active

Nous sommes au début des années 2000. Après 6 ans d'études supérieures en économie, comme beaucoup de jeunes diplômés utopistes, j'aspire à intégrer le marché du travail et à trouver un emploi à la hauteur de mes ambitions. A cet instant précis, je minimise totalement les difficultés liées à la recherche d'emploi, convaincu d'être suffisamment bien armé et préparé par mon parcours universitaire quasiment sans faille.

Je pense donc qu'il est légitime d'être exigeant quant à la qualité de mon futur emploi et de mon futur employeur. Autant partir du bon pied dans le monde du travail, car cela conditionnera certainement le reste de ma carrière prometteuse. Cet emploi devra par conséquent me procurer une grande satisfaction et pour se faire, être en accord avec mes valeurs. L'épanouissement personnel passe par une adéquation totale entre son emploi et ses valeurs profondes. Très attaché aux notions d'équité, de respect, de valeur travail, je souhaite avant tout être utile pour la société.

De plus, il est impératif de justifier mes choix d'orientation scolaire et l'investissement intellectuel des dernières années auprès de ma famille. Cette dernière, même si elle m'a toujours soutenu n'a peut-être pas toujours compris mes aspirations professionnelles, et le contenu exact des emplois que je visais. Il serait à la fois peu glorieux et crédible de finir homme-pipi Gare du Nord après ce long et laborieux parcours scolaire, malgré tout le respect et surtout la compassion que je voue à ce corps de métier.

Après tout mon bac +5, durement acquis, après 6 ans, me permet d'envisager un avenir radieux. J'ai effectivement consacré une année, à l'étude des us et coutumes estudiantines et à me construire un environnement social favorable. Il me semblait important de poser des fondations sociales solides nécessaires à mon épanouissement. J'ai ainsi pu me consacrer aux joies des virées nocturnes arrosées et des soirées bières et pizzas. Certains verront en cette période une année de débauche totalement gâchée, du fait de mon manque de maturité, mais je trouve cette réflexion quelque peu négative. Je préfère donc dire qu'elle m'a permis de constituer les fondations sociales qui se sont avérées primordiales par la suite.

Je n'ai jamais été, à proprement parlé un excellent élève. La capacité à me fondre dans la masse est une seconde nature, et je me suis contenté tout au long de ma scolarité à faire tout juste plus que le strict minimum. Quelques prédispositions à « bachoter[1] », ont largement contribué à me garder à flot, dans le secondaire comme à l'université.

Je suis par contre rempli d'idéaux. Un vrai petit idéaliste en puissance qui est convaincu qu'il peut jouer un rôle majeur dans la métamorphose programmée de la société contemporaine. Le passage d'une société axée sur l'individualisme, l'incivilité et le manque de valeurs morales vers une société plus juste, nécessite la mobilisation de tous. J'ai été, en effet, marqué par toutes les atrocités observables chaque jour dans nos médias, aussi bien au niveau national qu'international. Les catastrophes naturelles, la pauvreté, la misère, la pollution qui s'abattent sur les populations sans distinction de race ni de nationalité, me touchent réellement.

L'ensemble de cette prise de conscience contribue largement, et paradoxalement, à ma joie de vivre. Le malheur des autres me renforce dans l'idée que ma vie d'occidental issu de la classe moyenne est plutôt douce et belle. Ceci me permet de relativiser mes petits problèmes quotidiens.

Ma petite vie de privilégié à l'abri de la pauvreté ne m'empêche pas d'avoir conscience de la misère. Je pense, par conséquent, être ouvert sur le monde et tolérant. Je reste cependant plutôt intolérant envers les individus n'ayant pas les mêmes opinions que moi. Puisque bien sûr, mes opinions sont les bonnes. Je sais tout, j'ai tout vu et bien entendu, j'ai un avis sur tout. La tolérance pour quelqu'un ayant des idées arrêtées est bel et bien sœur de l'intolérance.

Mais plus que du cynisme, ce regard sur la société engendre chez moi une intense motivation pour œuvrer à son amélioration. La période post-adolescente et pré-adulte se résume donc à la recherche

9

d'un idéal de vie, d'un code de conduite me permettant de m'épanouir et de construire mon avenir sur des bases solides.

Ma carrière professionnelle doit donc avoir un sens. Sans pour autant me présenter aux élections de Miss France, mon idéal professionnel peut se résumer aux phrases rabâchées chaque année par nos reines de beauté : « je souhaite travailler dans l'humanitaire, ce serait un aboutissement alliant intérêt et valeurs morales ». « Je souhaite avant tout la paix dans le monde ».

Les emplois dans le domaine humanitaire sont extrêmement prenant et demandent une implication totale. De plus, outre le fait que les places soient comptées, il est important d'apporter de l'expérience et du savoir-faire. Plus- value dont je suis totalement dépourvu, tout comme l'esprit d'aventure. Il faut donc se rendre à l'évidence, mes compétences ne sont pas à la hauteur de cet objectif. De toute manière, je n'ai jamais trouvé un cycle d'étude « humanitaire » en arpentant les couloirs du CIO (Centre d'Information et d'Orientation), structure ô combien inutile et inefficace où s'entasse des classeurs poussiéreux recensant les différents cursus scolaires que compte notre labyrinthe éducatif.

Je me suis, comme beaucoup, laissé porter par notre système scolaire extrêmement performant et à l'écoute. Je n'étais pas trop mauvais à l'école, même plutôt doué en mathématique, j'ai donc suivi une filière générale. Après le bac, l'Université s'est avérée une évidence, puisqu'on ne se pose pas vraiment de question sur un réel choix de métier. Ne pas se poser de question me convenait parfaitement, en tout bon post-adolescent que j'étais Et le domaine de l'économie simplement parce que ça m'intriguait plus que ça ne m'intéressait.

Plus jeune, je souhaitais devenir menuisier, ou tailleur de pierre, qui reste des métiers manuels de valeur dans lesquels il est encore possible de constater en fin de journée le travail réalisé. Ceci tient certainement au fait que mon père était très habile de ses mains et que j'étais habitué dès mon plus jeune âge à l'aider : percer, peindre, poncer, maroufler...

Mais visiblement mon avenir professionnel ne pouvait prendre une telle tournure. Du moins mes professeurs y étaient plutôt opposés. La dévalorisation des métiers manuels fait rage en France. Si tu peux, et que tu n'es pas mauvais à l'école, tu dois cultiver ton intelligence et non travailler de tes mains. Comme si le fait d'être manuel devait nous priver d'intelligence. « Jeux de mains, jeux de vilains », reste une pensée commune pour l'élite de notre pays.

Une grosse tête vaut donc mieux qu'une bonne paire de mains. Après 5 ans d'études supérieures, j'ai au moins appris une chose : l'intelligence n'a rien à voir avec la connaissance. Et à l'Université, on ne fait qu'essayer de vous rendre cultivé. La plupart du temps on échoue d'ailleurs. Sans culture ni intelligence, et incapable de faire quelque chose de ses 10 doigts, on devient donc un vrai « fromage blanc[2] », comme aimait à le dire un de mes professeurs. Mais au moins on sait parler, on a une grande gueule et on prend les autres pour des abrutis.

Notre système scolaire cultive donc cette dévalorisation du manuel au profit du cérébral. Cette pseudo supériorité nous amène donc à fabriquer des jeunes cultivés prétentieux et hautains, autrement dit des « branleurs ».

Mais après 6 ans d'Université, à suivre les cours plus ou moins intéressants, souvent moins que plus d'ailleurs, j'estime mériter mon petit bonheur. Même si j'ai parfaitement conscience de cet état de fait : je suis un « branleur » sans réelle plus-value ni savoir-faire professionnels pour le moment. Je suis comme tous mes camarades diplômés une coquille vide, avec cependant, je l'espère un potentiel suffisamment perceptible pour faire craquer un recruteur. J'ai donc des qualités et je ne demande qu'à le démontrer.

Agence Nationale Pour l'Emploi

Le passage obligé pour tout jeune entrant dans la vie active reste l'inscription à l'ANPE[3]. Je vais devoir moi aussi passer par cette étape, non pas pour réclamer une quelconque indemnité, puisque mes modestes jobs d'été, ne me permettent pas d'y prétendre, mais simplement pour chercher de l'aide et des conseils auprès de véritables professionnels. Et au début des années 2000, le chômage fait rage et le marché de l'emploi est une véritable jungle. La situation ne s'est pas améliorée depuis. Dans ce contexte chaotique, un petit étudiant sans expérience a certainement besoin d'un coup de pouce.

C'est donc avec mon statut peu enviable de néo-chômeur que je découvre cette institution. J'entre dans des locaux peu accueillants et dont l'agencement intérieur découle certainement d'un appel d'offre loupé. Je me rassure en me disant que la priorité a été donnée à l'aspect pratique. Erreur puisqu'après 10 minutes d'attente au centre de la pièce, ou cinq rangées de sièges peu confortables sont disposées face à un mur blanc, je m'aperçois que je suis en mesure de suivre les entretiens individuels et confidentiels de mes collègues chômeurs. Après 45 minutes d'attente, je m'approche enfin du box de mon conseiller avec la désagréable impression d'être un simple numéro de dossier, ou un mendiant venant quémander un euro.

Faisant abstraction de ce ressenti, j'affiche mon plus beau sourire au moustachu qui m'accueille. Je suis rapidement déstabilisé et pessimiste quant à la capacité de ce conseiller ANPE à m'apporter une quelconque aide dans mes recherches. Ce brave homme, sans lever les yeux de l'écran de son PC, débute certainement l'un de ses innombrables entretiens préalables à l'inscription sur la liste des demandeurs d'emplois. Il ne fait pas mine de cacher sa lassitude, et me lance d'un ton monotone :

-    Bonjour Monsieur, nous allons dans un premier temps rentrer votre profil sur la base informatique ANPE. Je vais donc vous poser un certain nombre de questions et je procéderai ensuite à une première recherche d'offre d'emploi en fonction des différents critères.

- Très bien, c'est vous le professionnel, je vous fais confiance.

S'en suivent alors les innombrables questions sur mon état civil, mon adresse, date de naissance… auxquelles j'arrive à répondre sans trop de difficulté bien heureusement. Après de longues minutes d'attente en partie dû à la performance dactylographique de mon conseiller qui n'a certainement rien à envier aux agents de la Police municipale, le questionnaire se porte légitimement vers la formation et mes diverses expériences professionnelles.

- Pouvez-vous me préciser votre niveau scolaire et votre dernier diplôme obtenu s'il y en a un ? me demande mon conseiller.

- Je suis titulaire d'un Diplôme d'Etudes Supérieures, Spécialisé (DESS) en Economie.

- Très bien, cela équivaut donc à un bac +2, c'est l'équivalent d'un DUT en comptabilité. C'est ça ? Me rétorque mon interlocuteur d'une voix à peine perceptible, masquant assez mal son manque d'assurance.

- Non il s'agit en fait d'un bac + 5 et l'économie n'a rien à voir avec la comptabilité.

- D'accord, sinon comme autre choix j'ai Licence et Maîtrise de gestion.

Je me retrouve donc en train de négocier mon niveau d'étude et mon diplôme. Je ne sais pas, à ce moment-là quoi répondre à ce conseiller. Mon interlocuteur semble très peu au courant des cycles de formations en France. Confondre un DESS, bac +5 en économie en DUT, bac + 2 en comptabilité, pour un professionnel censé m'aider à rechercher un emploi, je trouve cela quelque peu déstabilisant et franchement inquiétant. J'éprouve alors de grandes difficultés à dissimuler mon agacement et ma consternation.

13

-   En fait, c'est un BAC + 5 en Economie. Ni une Licence, ni une Maitrise, CAP, DUT ou BEP. C'est simplement un DESS en Economie.

-   Oui, mais je ne l'ai pas sur la base de données, me rétorque mon interlocuteur l'air embêté.

-   Dans ce cas, il serait peut-être bon de le signaler, car je ne vais pas troquer mon diplôme pour faire plaisir à l'ANPE.

Après avoir esquissé un léger sourire, je comprends que cet individu ne me sera d'aucune aide dans ma recherche d'emploi. Ce qui semble bien l'arranger de surcroit.

-   Compte tenu de votre niveau d'étude, et votre connaissance de vos potentiels employeurs, je pense que vous êtes en mesure de rechercher un emploi par vos propres moyens dans un premier temps.

Et, je me disais au plus profond de moi : "dans un deuxième temps également". Mais me contente d'une réponse franche et enthousiaste, dictée par mon souhait profond de quitter les lieux au plus vite.

-   Je le pense aussi.

Comme on dit, il vaut mieux être seul que mal accompagné. Et je ne souhaite pas vraiment aller plus loin dans ma relation avec Bernard, conseiller ANPE moustachu de 45 ans.

Ce dernier, me convoque néanmoins à une réunion collective obligatoire pour tout nouveau demandeur d'emploi quelques jours plus tard.

Je n'attends pas mon reste, et l'entretien se termine rapidement par un « Au revoir et à bientôt », auquel je réponds en souriant, « je n'espère pas ».

N'ayant pas réellement terminé de remplir le fameux questionnaire en ligne, j'espère simplement ne pas avoir été classé dans les bouchers/charcutiers par Bernard notre spécialiste de l'emploi et de la Formation. Il s'avérera par la suite que cet entretien n'aura aucunes répercussions réelles sur mon avenir.

Trois jours plus tard, me revoilà dans les locaux lugubres et aussi accueillants que les couloirs souterrains du métro parisien à une heure de pointe. Je me présente, en néo-demandeur d'emploi discipliné à la fameuse réunion obligatoire à laquelle m'avait convié, ou plutôt convoqué, Bernard.

Nous sommes une vingtaine à prendre place dans la salle de réunion. Le formateur, orné de son plus beau pull jacquard, prend d'emblée la parole :

-    Bonjour, qui dans la salle dispose d'un diplôme supérieur au bac + 2 ?

Nous sommes 4 personnes sur une vingtaine présente à lever la main, non sans l'appréhension de devoir passer un grand oral ou répondre à un questionnaire complexe réservé à nos têtes soi-disant bien remplies.

-    Très bien, vous pouvez quitter la salle, cette réunion n'est obligatoire que pour les personnes sans formation, nous précise notre interlocuteur.

J'ai à cet instant du mal à comprendre l'intérêt de faire déplacer des personnes pour leur expliquer qu'elles n'ont pas à assister à la réunion à laquelle elles ont été convoquées. Mais qu'est-ce que c'est que cet organisme qui semble défier toutes les lois de l'intelligence et du bon sens : l'ANPE.

Je remercie Bernard de m'avoir fait découvrir cette dimension parallèle.

Cette entrée en matière obligatoire me laisse songeur. J'ai acquis quelques habitudes de travail à la faculté et l'une d'elle est l'autonomie. Dans une promotion de 200 personnes, on apprend vite à le devenir, où on ne termine pas la première année. Personne ne se soucie de vous, de votre réussite ou votre échec, et encore moins les enseignants.

Le fait de rechercher un emploi seul ne m'effrayait donc pas réellement. Et je vais m'atteler à la tâche avec enthousiasme.

La quête du Graal

Je me lance alors seul en quête de l'Emploi : The first one.

J'avais bien entendu travaillé auparavant, notamment l'été, afin de pouvoir m'assumer et financer mes années universitaires, comme tout jeune homme responsable avide de voler de ses propres ailes. Mais ces « jobs », comme on les appelle, ne correspondaient pas vraiment à l'image que j'avais des emplois stables. C'était tout simplement de "l'alimentaire" qui me servait à acheter les pizzas, les pâtes, steaks hachés, saucisses et autres bières, composant les principaux éléments nutritifs de tout étudiant qui se respecte.

Ces jobs de manutentionnaire, guide touristique et vendeur de frites ne correspondent pas vraiment à l'idéal professionnel d'un jeune ambitieux. Je les percevais d'ailleurs comme un passage obligé et nécessaire à mon apprentissage, mon chemin de croix avant de parvenir à la réussite professionnelle, qui sans conteste m'attendait.

The first one, autrement dit, mon premier emploi stable, doit donc revêtir un certain nombre de caractéristiques : géographiques, idéologiques et bien entendu financières.

La création d'entreprise est mon domaine de prédilection. Mon stage de fin de cursus, ainsi que mes différents mémoires d'études abordaient ce sujet, ô combien passionnant techniquement et humainement. Car la création d'entreprise est avant tout une aventure humaine. Accompagner ces projets est donc souvent source de grande satisfaction et d'enrichissement personnel.

Financièrement parlant, en tant que jeune diplômé, j'étais conscient de ne pas pouvoir prétendre à la rémunération de Tiger Woods, mais grâce à mes diplômes et aux discours rabâchés à la fac par mes différents enseignants fonctionnaires, très au fait des pratiques du monde privé, je pensais émerger à 20 ou 30 % au-dessus du SMIC.

Quant au critère géographique, j'irai aussi loin que mon Opel Corsa de 1980 voudra bien me conduire.

17

J'étais par conséquent très optimiste et motivé, prêt à me lancer à la conquête du marché du travail.

Après 6 mois de chômage, quelques missions d'intérim passionnantes, et parties de pétanque endiablées avec mes collègues sans emploi, je finis par réaliser que les entreprises ne me courent pas après.

Je ne suis visiblement pas le prototype du jeune cadre dynamique en devenir que les entreprises s'arrachent à la sortie de la fac.

Pourtant, comme on me l'a précisé pendant de longues années, je fais partie de l'élite. Ces professeurs, qui m'ont enseigné les tenants et aboutissants du monde économique et des entreprises se seraient t-ils trompés. Leur connaissance du monde privé et du marché de l'emploi ne serait-il pas en réalité une imposture. Imposteurs ! Tout mon modèle de pensées est remis en cause. Il est encore temps de s'en rendre compte et de rectifier le tir. Ces 6 derniers mois m'auront au moins permis d'améliorer mon niveau de pétanque.

Je revois ma copie, mes CV, et ma lettre de motivation. Cette dernière valorisant davantage mes compétences acquises sur les bancs de la fac, ma capacité d'analyse, rédactionnelle et relationnelle en tête. J'en profite pour élargir sensiblement mes recherches aussi bien géographiquement, qu'au niveau du domaine d'activité.

Les réponses commencent alors à arriver, même si la plupart sont négatives. Ceci représente un réel pas en avant, puisque jusqu'à présent, les employeurs ne jugeaient pas indispensable de me tenir informé.

L'espoir du premier entretien

Mon premier entretien d'embauche se profile à l'horizon, et non des moindres. Le poste en vue est un poste de chargé d'étude économique au sein d'une Chambre de Commerce et d'Industrie (CCI pour les intimes). Concrètement, il faut faire « mumuse » avec les chiffres et leurs faire dire des choses intelligentes, pour le compte d'un organisme représentant les entreprises locales.

Pas tout à fait de l'aide à la création d'entreprises, mais relativement proche de mes modestes compétences, puisque « trifouiller » les chiffres et les analyser, en économie on sait faire. Cela ne nécessite pas une grande expérience professionnelle, mais surtout des connaissances théoriques et méthodologiques dont je pense disposer, ...du moins en partie.

Je m'apprête donc à faire face à mon destin, flanqué de mon plus beau, et seul, costume bas prix et tout sauf « sur mesure », made in China. Je dois certainement être la dernière personne à avoir acheté un costume avec des épaulettes style années 80. Mes petites chaussures vernies quasi neuves, aux pieds, je pense être prêt à affronter mon avenir. Un dernier coup d'œil dans la glace, le ridicule ne tue pas et c'est assez amusant d'avoir l'impression d'être quelqu'un d'autre. Ma mère me verrait, je suis sûr qu'elle ne pourrait s'empêcher de s'exclamer : « tu es devenu un homme mon fils ». Même si ce n'est pas le costard qui fait le pingouin, mon jean/baskets habituel serait certainement moins apprécié par mes futurs probables patrons.

Après un long voyage en train, je me présente enfin à l'entretien surmotivé et confiant. On me fait entrer dans une salle de réunion immense. Le jury se trouve au bout d'une table de réunion de 5 mètres de long. On me fait signe de m'installer en face. Je m'assoie donc à l'opposé de ce jury composé de 3 personnes, qui ne prennent pas la peine de me saluer, de se lever, ni même de me regarder malgré mes efforts vestimentaires. L'ambiance est glaciale et les méthodes étudiées dans la semaine, visant à limiter mon stress ne fonctionnent absolument pas. J'ai beau m'imaginer les membres du jury en sous-vêtements, en costume de lapin, ou encore tenter les techniques respiratoires zen, rien n'y fait. Toutes ces méthodes validées par des experts reconnus et reprises dans la presse spécialisée en développement personnel sont donc inefficaces. Le maitre de cérémonie ouvre les débats et donne le ton, dans cette atmosphère plutôt hostile.

- Bonjour, je suis Monsieur Truffaud, Directeur du service étude économique et analyse statistique de la Chambre de Commerce et d'Industrie, me lance un petit moustachu aux faux airs de Gérard Jugnot, mais à priori sans le sens comique de ce dernier.

Voici donc le « Monsieur Chiffre » de la CCI. Le grand gourou de l'analyse, des statistiques et maître des études pointues sur le tissu d'entreprises locales.

- Voici Madame Goumi, Directrice des Ressources Humaine et Monsieur Findon, Directeur Administratif. Pouvez-vous, vous présenter, présenter votre parcours professionnel et les raisons de votre candidature à ce poste ?

Mon parcours professionnel va être vite expédié, compte tenu de la difficulté de valoriser mes jobs d'été pour ce type d'emploi.

Après une présentation, bien enjolivée et vendeuse de mon très court parcours, arrivent les questions libres. Malgré mon stress et le fait que le jury a certainement constaté mon manque d'assurance, qui transparaissait dans les tremblements de ma voix, je suis relativement satisfait de ma présentation. Elle fût claire, précise et relativement complète aux vues de mes faibles expériences.

- Vous avez effectué beaucoup d'études, dans le cadre de votre cursus universitaire, dont certaines liées au tissu d'entreprises. A partir de quels chiffres avez-vous travaillé ? me demande Monsieur Truffaud.

- Ceux de l'INSEE principalement et des organismes de développement économique, pour ce qui est des questions plus pointues.

Autrement dit les seules sources disponibles et viables.

- Ce n'était donc pas vos chiffres, me lance le petit homme moustachu d'un air moqueur et hautain, tout fier de lui, en n'omettant pas de jeter un regard complice à ses 2 collègues.

Non effectivement je ne me suis pas avancé à faire le tour des 25 000 entreprises du département pour récupérer des chiffres dont dispose déjà l'INSEE. Je me mords les lèvres pour ne pas renvoyer Neuneu[4] dans les cordes en lui expliquant, que j'avais travaillé à partir des mêmes chiffres qu'il utilise lui-même, tous les jours, pour ses soi-disant études professionnelles.

Mon stress se transforme rapidement en énervement, sur le point de me faire sortir de ma réserve, compte tenu de la tournure des événements et du ton totalement irrespectueux de mes interlocuteurs. Je suis à priori destiné à servir de faire valoir au roi du chiffre auprès de ses deux collègues. Le respect et la courtoisie ne semblent pas l'étouffer, et ce dernier me parle comme un prof à un élève de CM2 qui n'a pas appris sa poésie.

Je réplique cependant de manière courtoise et posée.

- L'étude terrain, compte tenu de la finalité de la mission n'était pas opportune. Les chiffres INSEE répondaient à mes besoins et permettaient une analyse suffisamment pointue.

- Bien nous vous recontacterons, mais nous cherchons quelqu'un d'expérimenté, merci.

Mon CV et ses trois lignes d'expériences professionnelles dont : guide touristique, manutentionnaire et vendeur de frites n'a visiblement pas rempli son rôle. 10 minutes d'entretien et 3 heures de routes pour m'entendre dire ça, j'hésite à leur demander s'ils n'ont pas l'impression de m'avoir pris pour un imbécile.

Je n'en fais rien et laisse Neuneu le roi des chiffres qu'il fabrique lui-même et ses 2 bouffons à leurs sorts.

Je me fais rapidement à l'idée de ne pas travailler dans cette structure. Le simple fait de savoir que je n'aurai pas tous les matins à croiser cette équipe de choc, visiblement incapable de déchiffrer un

21

CV suffit à mon bonheur, même si je regrette de ne pas avoir dit leur 4 vérités à ces individus prétentieux et irrespectueux.

Je passe alors plusieurs mois à enchaîner les CDD payés au SMIC. Et oui, au niveau de rémunération aussi on m'a menti tout au long de mon parcours étudiant. Il apparaît que les universitaires n'ont que des notions approximatives des pratiques du secteur privé et des entreprises ! Ils enseignent « l'entreprise », et ne la vivent pas. Ils ne le feront d'ailleurs jamais puisqu'ils sont fonctionnaires. Situation très respectable, et dans laquelle je ne vois aucune connotation péjorative, étant moi-même fils de fonctionnaire. Mais qu'un fonctionnaire enseigne les fonctionnements d'une entreprise privée reste relativement cocasse après réflexions.

Il est vrai que ma boulangère m'explique rarement comment ramoner ma cheminée.

Cela me fait néanmoins me poser la question de la pertinence et de l'efficacité de notre système éducatif. L'éloignement de l'enseignement et du secteur privé semble biaiser totalement la vision du monde du travail des jeunes diplômés dont je fais partie. Je ne suis donc qu'une victime de l'Education Nationale et des idées utopistes qu'elle véhicule. Le fait de m'en rendre compte est, je l'espère, une première étape vers la réussite.

The first one

Quelques mois plus tard me voilà enfin au plus proche de mon idéal professionnel. Je suis désormais Monsieur « Création d'entreprises » sur un petit territoire rural en bord de mer.

Après un entretien d'embauche dans les règles de l'art, quelqu'un a, en effet, décelé en moi un potentiel professionnel prometteur.

Ce poste au sein d'une des nombreuses Collectivités Territoriales françaises, m'a tendu les bras par les grâces du Saint Stéphane. Stéphane, m'avait effectivement embauché sur une mission très temporaire et le courant était plutôt bien passé. Faute de pouvoir me garder avec lui, il avait, comme on dit « appuyé ma candidature » auprès de ladite collectivité. Un coup du destin en somme plutôt appréciable, et rassurant pour mon banquier qui voyait depuis plusieurs mois mes finances s'enfoncer vers les abîmes, ma carrière boulistique n'ayant pas réellement décollé malgré mes efforts quotidiens.

Ce poste consiste principalement à recevoir et à guider les personnes ayant des projets de création d'entreprises, les orienter et les conseiller dans le dédale d'aides et d'organismes d'accompagnement qui caractérisent notre beau pays. Le cas échéant, je dispose de quelques leviers financiers et techniques afin de leur permettre de passer à l'acte. Je suis donc le premier interlocuteur de nos entrepreneurs en herbe et je l'espère un gain de temps et d'énergie dans leurs démarches.

Il m'a fallu un peu de temps afin de me former et de me familiariser avec ma mission. Acquérir les compétences techniques, la connaissance du territoire, des partenaires et de ma propre structure m'a demandé énormément d'énergie. Mais de cet investissement dépendait mon efficacité et ma crédibilité. Et je sais bien, comme tout jeune professionnel que je suis observé et que je dois faire mes preuves.

23

La Collectivité qui m'accueille emploie une dizaine de personnes, la plupart d'entre elles sont de ma génération, ce qui assure une ambiance plutôt saine et conviviale. J'irai même jusqu'à dire que l'équipe sait travailler, mais aussi bien rigoler. Ce qui permet à chacun de venir au travail sans appréhension et même avec enthousiasme.

La découverte du fait qu'on pouvait joindre l'utile à l'agréable au niveau professionnel arrivait au moment de ma courte existence, ou je commençais à me faire à l'idée qu'un travail était un travail. Que par définition, on n'y allait pas en chantant et une fois sur place on attendait que ça se passe, le plus souvent péniblement.

Comme dans beaucoup de collectivités, chacun sa mission et son domaine de compétence. Paradoxalement la personne centrale chez nous, est l'assistante : Chantal. Cette petite rigolote avec qui j'ai développé une grande complicité, est réellement la pierre angulaire de la Collectivité.

Elle gère les emplois du temps, les rendez-vous, le café du matin, ce qui fait d'elle la maîtresse du temps. Elle ramène des gâteaux, ce qui la rend totalement irremplaçable à mes yeux et surtout à mon estomac. Elle a certainement découvert mon penchant pour la nourriture, ce qui est relativement facile compte tenu des étoiles qui brillent dans mes yeux à la vue de la moindre petite pâtisserie.

Chantal comme toute assistante dévouée est pourvue d'un grand sens de l'organisation, de l'écoute et d'un professionnalisme irréprochable. Elle dissimule également un sens de l'humour très développé et imperceptible pour les personnes extérieures. Ses yeux et son regard sont souvent parlant. Elle arrive à rester stoïque en vous annonçant l'arrivée de Monsieur Dufion ou Madame Troudu.

Etre contractuel dans le public

Le poste en question est un poste de contractuel. Je travaille donc pour une collectivité sans pour autant avoir passé les concours administratifs. Je ne suis par conséquent pas fonctionnaire mais employé en Contrat à Durée Déterminée (CDD) pour une période d'un an. Contrairement au secteur privé, ou le législateur a su limiter les abus, les CDD dans la fonction publique peuvent être reconduit indéfiniment[5].

Cette perspective de précarité ne m'effraie pas pour autant, et me convient même assez bien. J'ai, en effet, accepté ce poste pour la satisfaction professionnelle qu'il devrait me procurer. Les conditions contractuelles, pour un jeune sans contrainte réelle, ni charge de famille, sont sans importance.

Je pars du principe bête et méchant que je réaliserai du bon travail et que la collectivité n'aura aucun intérêt à mettre un terme à notre collaboration. Je fonctionne donc à l'envie, et cette situation me paraît même plutôt saine. Cela semble un bon moyen pour rester motivé et ne pas être enfermé dans une situation où la satisfaction au travail est moins importante que la sécurité de l'emploi. C'est une solution peu commune, j'en conviens, pour garder une conscience professionnelle intacte et pouvoir tout plaquer le jour où je viendrai au travail à reculons.

Je veux être libre de mes mouvements, de mes actes et de mes décisions. Et surtout ne pas me sentir prisonnier d'un système.

La situation de contractuel me convient donc bien, et revêt un autre intérêt, non négligeable, qui est le salaire. Cette précarité se paie et celui-ci est donc supérieur à celui des fonctionnaires à poste équivalent.

Je n'ai par conséquent pas souhaité passer les concours administratifs, contrairement à mes anciens camarades d'université, qui ont pour la plupart opté pour cette solution.

Mon travail consiste avant tout à fournir un service et des conseils aux entreprises. Je ne vois donc pas l'intérêt de bachoter pour un concours administratif et apprendre bêtement le nom de tous les ministres de la 5ème république. Ce concours totalement déconnecté des réalités de mon métier et du terrain ne m'apportera strictement rien du point de vue de l'efficacité professionnelle. Et la sécurité de l'emploi n'a d'intérêt que lorsqu'on ne remplit pas parfaitement les missions pour lesquelles on est payé.

Mon mot d'ordre sera donc « être professionnel jusqu'au bout des ongles », afin de m'assurer un épanouissement professionnel, être indispensable et donc intouchable à mon poste.

Le Toutou à sa maman

Au fil des mois et des différents rendez-vous, j'arrive désormais à deviner ce qui m'attend simplement à l'intonation de la voix ou au regard de Chantal. Les petits signes imperceptibles pour les non-initiés mais qui signifient beaucoup.

- Mademoiselle Lucien, votre rendez-vous vous, attend à l'accueil, m'informe gentiment Chantal au téléphone.

Cette petite mélodie dans sa voix m'indique généralement que je vais passer un moment d'anthologie.

Je le sais et m'attends donc au pire. J'attache une attention particulière à ne pas croiser le regard de Chantal en allant chercher Madame Lucien à l'accueil. Cette erreur m'a, par le passé, coûté quelques sourires difficilement explicables et embarrassants.

Abstraction faite de ses deux mèches rouges et bleues au sommet de sa tignasse blonde, Mademoiselle Lucien s'avère plutôt normale. La jeune femme, d'une vingtaine d'années, est même plutôt mignonne et souhaite ouvrir un cabinet de toilettage canin. D'où les mèches, certainement un exercice pratique qui a mal tourné.

Le toilettage canin est à la mode. Nous recensons un grand nombre de personnes âgées et aisées sur notre territoire, ce qui implique un marché porteur. Non pas que je sois dyslexique en confondant « canin » et « ancien », mais simplement que devant mamie il y a souvent Kiki, le caniche ou le yorkshire. Et pour Kiki, rien n'est trop beau.

Cela fait néanmoins le troisième projet de cabinet de toilettage que je reçois en 3 mois et je commence à me demander s'il y aura de la place pour tout le monde.

Mademoiselle Lucien voit les choses en grand, cabinet de toilettage haut de gamme, entièrement aménagé sur 150 m², salle d'attente, de toilettage, de repos, de séchage, de brushing ….

Un vrai centre de beauté pour toutou, avec tout le confort moderne. On est bien loin de mes rêves d'actions humanitaires et Kiki sera certainement mieux traité que les milliers de français dans la rue.

C'est une jeune femme pleine d'entrain qui se présente à moi.

- Je viens de terminer ma formation de toilettage canin. Le local ainsi que l'aménagement seront pris en charge par mes parents, me précise la jeune femme laissant transparaître une timidité certaine.

- Vos parents financent donc la totalité de votre projet !!

- Oui, effectivement et maman m'aidera pour l'administratif.

Enfant bénie des dieux ! Je ne suis pas persuadé qu'elle sera capable de voler de ses propres ailes un jour et que ce soit le meilleur moyen d'apprendre.

- Vous avez donc simplement à rechercher des clients et à assurer les prestations.

- Oui, et je souhaite pour cela distribuer des prospectus dans les lieux de fréquentation des personnes âgées qui sont ma cible prioritaire.

Le plan de développement commercial de cette jeune femme consiste donc à distribuer des prospectus dans les rues recensant le plus grand nombre de crottes de chiens de la ville, les clubs de bridge, de belote et durant les lotos.

Après tout si Papa et Maman sont là pour porter le risque financier, qui suis-je pour juger ? J'oriente donc Mademoiselle Lucien vers un certain nombre de dispositifs dont elle peut bénéficier. J'insiste néanmoins sur les risques juridiques et administratifs et m'assure qu'elle se rend bien compte des implications du projet et des décisions qu'elle prend.

Je lui trace le parcours qu'elle doit suivre afin de créer son entreprise et lui liste les contacts directs qui pourront traiter ses différentes demandes.

Ces informations qui paraissent anodines, peuvent lui permettre de gagner plusieurs milliers d'euros d'aides et plusieurs semaines de procédures administratives. Consciente de ceci pour avoir auparavant essayé de comprendre par quel bout commencer, Mademoiselle Lucien ressort de mon bureau ravi, avec son plan d'action pour les prochaines semaines.

J'ai pour ma part le sentiment du travail bien fait, mais j'ai de réels doutes sur la viabilité économique du projet. Je me contente de penser que mon rôle n'est pas à cet instant de couper cette jeune femme dans son élan créatif et que quoi qu'il arrive cette expérience sera pour elle enrichissante. Conseiller ne signifie pas s'immiscer et il est important de laisser le libre arbitre. Les risques portés par cette créatrice sont de plus mesurés. On apprend autant de ses échecs que de ses réussites. Et même si l'échec d'une création d'entreprise peut avoir des effets dévastateurs sur l'estime de soi, elle reste une expérience de vie très enrichissante.

Tout le monde peut créer son entreprise, même Bernard

19h00, l'heure de la débauche pour grand nombre de salariés et pour moi, comme souvent, quelques heures supplémentaires qui se profilent. La raison en est simple, mon dévouement professionnel et mon incapacité chronique à dire « non ». Tout ceci couplé avec une vie sociale proche du néant depuis que j'ai emménagé sur ce territoire rural.

En fait, j'ai surtout le mal très répandu du « trop bon trop con » et de l'idéaliste qui reste convaincu de la bonté de la nature humaine et de la gratitude des personnes que je reçois dans mon bureau à ces heures tardives. J'ai, en effet, comme souvent accepté un rendez-vous avec un porteur de projet. Autrement dit une personne ayant un projet de création d'entreprise. Porteur de projet étant le vocabulaire professionnel adéquat utilisé par l'ensemble des accompagnateurs et professionnels de la création d'entreprises. Ce terme est d'ailleurs relativement mal approprié, puisque plus que des porteurs, il s'agit souvent de victimes et plus que de projets, il s'agit d'idées. Ce sont donc une fois sur deux des « victimes de leurs idées » et de leur imagination.

La créativité n'a pas de limite pour certaines personnes. Ce qui, aggravé par un manque cruel d'information et de prise de recul nous amène à de vrais naufrages professionnels dignes du Titanic.

Bernard, toujours salarié, était en pleine réflexion sur l'opportunité de se mettre à son compte. Période ô combien délicate durant laquelle il est extrêmement difficile de prendre du recul et ainsi d'être objectif. Etant totalement conscient de l'importance pour un porteur de projet d'échanger en amont, je m'étais donc résolu à prendre ce rendez-vous tardif, au risque, à mon grand regret, de louper la 120ème rediffusion des Gendarmes de Saint Tropez à la télé, comme chaque mois de juillet.

Après une bonne demi-heure de retard sur l'horaire initial du rendez-vous, Bernard, 45 ans fait une entrée remarquée dans mon bureau. En bleu de travail, qui n'a de bleu que le nom et qui visiblement a largement vécu, cet individu semble peu coutumier des formules de politesse.

Son retard ne semble gêner que moi et ce rendez-vous tardif doit certainement paraître normal compte tenu de l'importance de son projet et de l'immense honneur qu'il me fait en me le présentant.

Je ne me formalise pas. Ce rendez-vous n'est pas mon premier et, j'ai au cours des derniers mois, rencontré un grand nombre d'individus sortant de l'ordinaire. Aucune conclusion hâtive, quant à la crédibilité de l'individu et de son projet. J'ai pris l'habitude de ne pas juger aux premières apparences, que se soit au travail ou dans ma vie privée.

Une fois assis dans la chaise de l'autre côté de mon bureau. Ou que dis-je ! à moitié couché sur cette chaise les jambes écartées dans la position de l'homauto-moto[6,] autrement dit une loque humaine un lendemain de beuverie qui regarde son émission de sport mécanique préférée avachi dans son canapé. Une position que, je connais très bien pour la pratiquer régulièrement en dehors de mes heures de travail, mais que je sais très peu appropriée à un rendez-vous professionnel. L'entretien commence. Je laisse généralement dans un premier temps, comme la majorité de mes confrères, les « potentiels » créateurs d'entreprises présenter leur projet. Ceci est souvent révélateur de l'état d'esprit et d'avancement de la réflexion et donne également des éléments d'analyse importants sur la personnalité.

Je demande donc à Bernard de me présenter son projet, après une brève présentation de mes fonctions sur le territoire et de mon rôle dans le dispositif d'accompagnement à la création d'entreprise. Qui, cela dit en passant, reste aussi peu lisible pour les techniciens que pour les créateurs d'entreprises, compte tenu du nombre d'aides, d'organismes et des différentes procédures administratives.

- Pouvez-vous me parler un peu plus de votre projet et me préciser à quel niveau de réflexion vous vous trouvez actuellement ?

- Ben !! j'veux me mettre à mon compte, me rétorque Bernard un peu sèchement l'air agacé.

C'est effectivement un bon début.

L'individu ne semble pas disposé à m'en dire plus, compte tenu du lourd silence qui a suivi cette réplique d'anthologie. Vu son comportement, la timidité ne semble pas la raison de son mutisme. De part mon sens de l'observation et de la déduction très développé, je tente une approche métier. Le bleu de travail, immaculé de ciment et de plâtre me donne de précieuses informations afin de faire parler Bernard.

- Vous êtes actuellement salarié dans le bâtiment ? Dans quel secteur d'activité travaillez-vous exactement ? Votre projet de création d'entreprise est-il dans ce domaine ?

- J' suis maçon et mon patron m'fait chier ! Alors je me suis dit que je ferais mieux de travailler pour moi.

Cette phrase résume à elle seule, la croyance populaire selon laquelle un salarié travaille avant tout pour enrichir son patron, généralement incompétent. Par conséquent, s'il suffit d'être incompétent pour être patron alors n'importe qui peut créer son entreprise !

Le refus de l'autorité reste cependant une motivation comme une autre. Même si je reste persuadé qu'on ne devient pas, et surtout qu'on ne reste pas, chef d'entreprise pour échapper à un patron. Cette seule motivation semble en fait un peu légère aux vues des difficultés rencontrées pour développer une affaire.

Les compétences techniques et notamment la polyvalence nécessaire à la création et à la gestion d'entreprises sont souvent sous estimées par les porteurs de projet. Ceci est une des causes d'échec des jeunes patrons. Un bon technicien et professionnel ne fait pas forcément un bon patron. J'ai donc pris l'habitude de questionner sur la vision de la gestion d'entreprise et de vérifier si cette dernière n'est pas faussée.

- Avez-vous des compétences en matière de gestion, de développement commercial et de suivi administratif ?

- Des quoi ? s'offusque t-il avant de reprendre, Non, mais je sais monter un mur contrairement à mon abruti de patron.

- Comptez-vous vous occuper de la gestion quotidienne de l'entreprise, de la partie commerciale, de l'administratif … ?

- Ben oui, puis il y a ma femme, elle fera la compta. Elle s'occupera des papiers en rentrant du travail le soir.

Un premier point positif pour Bernard est que visiblement, il est conscient de certaines lacunes administratives. Ce qui n'est pas forcément une bonne nouvelle pour sa femme qui est sans le savoir, propulsée au poste de responsable administrative d'une entreprise, en plus de son emploi salarié à plein temps. Bernard sait visiblement déléguer, ce qui est très positif pour un futur chef d'entreprise.

L'air nonchalant et quelque peu bourru de Bernard, me laisse également perplexe sur sa capacité à gérer les contacts clients et la partie commerciale. Ce qui reste un des premiers gages de réussite de l'entreprise.

- Avez-vous déjà des contacts avec des clients potentiels ?

- Non, mais vu le travail qu'on a en ce moment, c'est pas un problème.

- Dans votre entreprise actuelle qui s'occupe de démarcher les clients, de faire les devis ?

- Mon patron.

Cet « incapable » de patron a visiblement au moins une fonction commerciale au sein de cette entreprise de maçonnerie qui croule sous le travail. Il ne monte à priori pas de mur, mais est capable de ramener du volume d'affaire et des clients afin de faire travailler notre Bernard.

- Vous pensez donc être en mesure de gérer une entreprise de bâtiment ?

33

\- Bien sûr, j'ai commencé à faire des chantiers le weekend pour des copains.

Bernard est le stéréotype même de l'individu incapable de faire la différence entre gérer une entreprise et la pérenniser, et donner des coups de main à des potes. L'opacité en terme de légalité des prestations effectuées le weekend par Bernard, qui ne semble même pas conscient du fait qu'une activité non déclarée et rémunérée est illégale, laisse envisager une future gestion d'entreprise hasardeuse.

Quand on veut, on peut, mais encore faut-il se donner les moyens. Bernard est certainement incapable, dans l'état actuel des choses de créer et de gérer une entreprise. Il dispose certes d'une bonne implication, mais surtout d'un manque de compétence flagrant et d'une vision totalement faussée du rôle d'un chef d'entreprise.

Beaucoup de formations existent et sont susceptibles de fournir des outils et des compétences. Je pense alors, que la seule chance de réussite de Bernard est de se faire accompagner en amont et surtout d'inscrire ce projet de création d'entreprise dans le moyen terme et non pas dans le court terme. Tout ceci afin de lui permettre de mettre toutes les chances de son côté. Et je fais part à mon interlocuteur de cette idée.

\- Je pense qu'un accompagnement en amont de votre projet, afin de vous permettre d'acquérir des compétences et de réaliser un business plan est indispensable.

\- J'ai pas le temps, et puis on va pas m'apprendre à monter un mur, ça fait 20 ans que je fais ça.

\- Non, il s'agit surtout de vous permettre de comprendre et de maîtriser les outils de gestion d'entreprise. Et également de vous aider à mieux définir et à réfléchir sur votre projet, afin de mettre toutes les chances de votre côté.

\- Je veux pas de ça, je veux simplement de l'argent pour acheter un camion. On m'a dit que vous pouviez m'en donner.

Nous y voilà. La raison première pour laquelle un porteur de projet fait la démarche de se faire accompagner : « trouver des sous ». Mince motivation pour grande conséquence.

Après avoir expliqué à Bernard que les dossiers de demande de financement incluaient impérativement la réalisation d'un Business Plan[7] et la réalisation d'un stage à la Chambre de Métiers, ce dernier semble déjà beaucoup moins motivé.

La complexité des procédures de création d'entreprise, a au moins ceci de positif : elle permet de filtrer les créateurs pour ne pas les envoyer dans le mur. Et même si Bernard sait visiblement monter des murs, je pense que celui-ci, il l'aurait pris en pleine face.

Bernard, a donc quitté mon bureau, légèrement échaudé par le fait que je n'étais pas en mesure de lui signer un chèque pour son camion sur le champ. Plus de "Nanard" et je pense, plus de projet de création d'entreprise. Ce qui est beaucoup mieux pour son avenir professionnel et son équilibre.

Sa femme m'est de plus certainement reconnaissante d'avoir refroidi son futur Patron/mari.

Business Plan : l'art de convaincre

Cet anglicisme pompeux bien connu des professionnels, est le premier élément constitutif d'une entreprise. Il a pour objectif de formaliser le projet de création d'entreprise, de l'expliquer, le présenter et de démontrer sa viabilité à travers un prévisionnel financier et une étude de marché.

Malgré ma faible expérience professionnelle, la réalisation et l'étude de ces Business Plan n'ont plus réellement de secrets pour moi. Mon stage de 6 mois de fin de cursus universitaire m'a entre autre permis d'en réaliser et d'en étudier un grand nombre.

A travers ces dossiers, c'est avant tout la vision du porteur de projet qui est étudiée. Est-elle trop optimiste, pessimiste et surtout est-elle réaliste ?

Objectivement parlant, on peut faire dire tout et n'importe quoi à un business plan, et il n'est surtout pas le garant de la viabilité du projet. Certaines personnes croient que réaliser un prévisionnel financier sur 3 ans équilibré, et mettre en évidence un bénéfice, est gage d'une réussite certaine. Ceci est bien entendu faux, et la notion d'incertitude qu'implique la réalisation d'un « prévisionnel financier » est largement oubliée par surplus d'optimisme.

Beaucoup se font aider dans la réalisation de ces business plan, afin d'avoir l'œil d'un professionnel et d'intégrer un minimum d'objectivité. Même si ce n'est pas toujours le cas, cette démarche est relativement louable.

D'autres estiment que leurs connaissances et leurs compétences sont largement suffisantes, et s'attellent à tout faire seul. Le vrai problème est que lorsque l'on a eu l'idée de créer une entreprise, c'est déjà qu'on est convaincu de sa réussite. Mais être convaincu, ne veut pas pour autant dire être objectif et avoir la capacité de convaincre les autres.

Les Business Plan auto-réalisés sont par conséquent de qualité très variée. Ce sont également les plus divertissants pour moi.

Certains s'approchent de copies d'élèves de CM2, pas très bon en orthographe, en mathématique et qui ont omis de relire un minimum leur manuscrit.

J'ai donc, à certaines lectures, l'impression de me transformer en instituteur. Sans être psychorigide et trop exigeant, je pense que le Business Plan est le premier reflet de ce que sera l'entreprise. Et pour certain, ça va être un sacré bordel !

Fautes d'orthographes à la pelle, erreurs de calcul à n'en plus finir et mise en page catastrophique. Cela donne souvent une image peu crédible et glorieuse du futur chef d'entreprise. Et au regard de certains dossiers, je n'ai franchement pas envie de faire la connaissance du criminel en puissance qui en est l'auteur.

Ainsi, je peux régulièrement lire des textes du type « *Importence de se diférencié au niveaux de sont profecionnalisme et du ciblage des bon prescripteurs et interllocuteur* ». Cette copie affligeante qui a atterri sur mon bureau mériterait certainement un commentaire pédagogique du type « Importance de se relire et d'écrire correctement ». Sans parler du contenu, puisque cette simple phrase faisait, à elle seule, office d'étude de marché.

Les deux porteurs de projet que je reçois aujourd'hui, n'ont rien de criminels du Business Plan. Ces deux ingénieurs surdiplômés ont réalisé un des dossiers les plus abouti qu'il m'ait été donné de voir. A mi-chemin entre l'annuaire téléphonique de l'Ile-de-France et le Petit Robert illustré. J'imagine que ce travail leur a pris un temps monstre. Quoi qu'il en soit, difficile de remettre en doute leur implication ou leur perfectionnisme, à la simple vue du sommaire du document.

La forme est donc plutôt irréprochable, ce qui est loin d'être le cas du fond. Depuis une semaine, je me sers de ce Business Plan comme livre de chevet. Non pas qu'il me passionne, mais simplement du fait que j'ai pu constater les effets soporifiques de cette "œuvre". Cela m'a donc permis, à moindre coup de venir à bout de quelques problèmes de sommeils récurrents.

Ces ingénieurs, certainement très compétents techniquement, ont réalisé un document qui ne semble pas réellement à la portée des novices en matière d'électronique et d'informatique. Leur projet est lié à la haute technologie, de ce que j'ai pu comprendre, et je n'ai pas compris grand-chose de ce qui était expliqué tout au long des 130 pages. Du vocabulaire technique, des schémas conceptuels, des notes de bas de pages et un lexique exhaustif où les définitions ne sont pas plus compréhensibles que les mots eux-mêmes.

A la lecture, il s'agit d'un vrai supplice pour quiconque n'ayant pas obtenu un Bac + 10 en informatique. Je pensais jusqu'à présent être plutôt à l'aise en informatique. Loin d'être un Geek[8], je fais cependant partie d'une génération qui passe 8h par jour devant son écran d'ordinateur. Malgré cela, je viens de passer une semaine à lire un dossier en me demandant s'il était réellement écrit en français. Pour une fois pas à cause d'une orthographe et grammaire déplorables ni d'une écriture approximative à la mode SMS, mais simplement par ma méconnaissance technique.

Les incidences qui résultaient de ce constat sont néanmoins semblables. Le but de ces dossiers reste de convaincre. Et si le lecteur ne comprend pas, il paraît difficile de croire qu'il sera disposé à accompagner ou financer le projet. C'est ce que je m'attache alors à faire comprendre aux deux porteurs de projets.

- Vous devez simplifier votre Business Plan. Vous vous adressez à des techniciens de l'accompagnement ou du financement et non à des chercheurs. Vous devez donc vous adapter, expliquer et être plus clair pour les convaincre de vous aider.

- Ce n'est pas clair ? me demande un des protagonistes les yeux écarquillés.

- Pour un ingénieur certainement que si. Personnellement, mon cerveau se mettait en mode veille au bout de 10 lignes.

- Pourtant on a simplifié, inséré un lexique, des notes...

- Oui, mais je pense que vous devez non pas insister sur l'aspect technique mais sur l'aspect économique. Quel est votre produit, quels seront vos clients et comment vous allez gagner de l'argent. Parce que là sincèrement on a l'impression de lire une notice de meuble Ikea qui n'aurait pas été traduite.

- Sans expliquer la technique ?

- En la simplifiant. Vos interlocuteurs ne remettront pas en question vos compétences techniques, mais votre vision économique et vos compétences de futurs chefs d'entreprises.

- Bien, mais sinon, le projet vous paraît viable ?

Ayant à peine compris l'intitulé du projet, je suis bien incapable de donner un avis, même subjectif, sur la question.

- Disons, que nous touchons à un domaine technologique basé sur une innovation. Dans ce type de domaine, il est difficile de donner un avis, dans la mesure où nous n'avons pas réellement de comparaison ni de références.

Réponse politiquement correcte qui pourrait se traduire par un simple : j'en sais rien je n'ai pas bien compris !

Une chose est sûre, c'est que pour convaincre il est primordial de se mettre au niveau de son interlocuteur. C'est bien là la force des grands hommes et la différence entre « être brillant » et « être intelligent ». Dans le cas présent il s'agit surtout de la différence entre devenir chef d'entreprise ou rester porteur de projet.

Le vin c'est ma passion

Comme beaucoup de français, j'ai une grande passion pour le vin. Ma connaissance dans le domaine est proche du néant, mais je m'intéresse et compte bien un jour acquérir quelques notions d'œnologie. Alors, accompagner des créateurs d'entreprise dans ce domaine est pour moi un bon moyen de joindre l'utile à l'agréable.

C'est par conséquent avec enthousiasme que j'ai accepté de rencontrer Monsieur Sénarisse et ses associés, qui souhaitent développer un concept novateur de cave à vin. La matinée s'annonce donc passionnante et enrichissante.

5 personnes arrivent dans mon bureau en début d'après-midi. Monsieur Sénarisse me présente ses associées. De 40 à 55 ans, 3 hommes, 2 femmes. Mon bureau de 9 m² est peu adapté, mais avec quelques chaises supplémentaires nous arrivons à tous loger. Je comprends bien vite que j'ai à faire à de vrais passionnés du vin et des différents alcools d'ailleurs. Non pas par la teneur et la qualité de leur discours passionné, mais simplement par l'odeur de vinasse qui s'échappe à chaque intervention orale.

Ces cinq là ont, en effet, davantage le profil à s'être rencontrés au café de la Gare ou au café des sports, qu'en stage d'œnologie au Château de la Duchesse Anne. Malgré ma peur de finir confit dans cet espace confiné je prends sur moi et poursuis tant bien que mal l'entretien.

Nos 5 tonneaux se sont mis dans la tête d'ouvrir une cave à vin qui n'a d'innovation que le fait qu'elle sera couplée avec une boutique en ligne. En somme, pas de quoi gagner le prix de l'innovation technologique de la Région, ni même de la commune d'ailleurs.

- Quelle est votre réelle plus-value sur ce secteur, sachant que 2 autres caves à vins existent avec des succès contestables.

- Nos prix, nous avons des connaissances et de très bons contacts dans le vin, me répond un des associés.

Des prix sur le rouge qui tâche ne permettront pas de sortir une marge pour faire vivre cinq personnes. Car nous touchons là à un projet d'envergure qui doit sortir assez de marge pour faire vivre nos cinq protagonistes actuellement tous au chômage et sans un sou.

Le comble de la reconversion professionnelle, ou peut-être même « conversion » tout court d'ailleurs. Ce projet est louable et digne d'intérêt dans la mesure où il donne espoir et permet de se donner des objectifs professionnels. Retrouver la motivation et le goût du travail est ô combien important pour des chômeurs longue durée. Mais que faire. Je suis tiraillé entre leur faire prendre conscience de la dangerosité de leur projet qui me semble voué à l'échec, et ne pas les couper dans cet élan professionnalisant.

J'opte pour la deuxième solution en ayant conscience de l'échec à venir, mais en ayant une grande confiance dans l'imbroglio administratif lié à la création d'entreprise, à sa capacité à décourager et freiner les individus les moins bien armées.

Peut-être par manque de courage et par humanisme également. Rien de pire que de couper tout espoir à 5 personnes pour qui la création d'entreprise, semble à cet instant le seul espoir de regagner le monde du travail. Je souhaite pour ma part ne donner que de bonne nouvelles et des ondes positives autour de moi. Cela a certainement une signification profonde et est peut-être lié à un quelconque traumatisme durant mon enfance.

Quoi qu'il en soit, j'essaie d'orienter au mieux nos amis, de leur expliquer l'intérêt d'approfondir une étude de marché.

- A votre stade de réflexion il est primordial de vérifier la viabilité financière. Vous devez dans un premier vérifier votre marché et les besoins.

J'ose espérer au fond de moi même, que ce travail leur fera prendre conscience des réalités.

- Nous connaissons le marché, ce qui nous manque actuellement ce sont les moyens financiers, me rétorque un des associés, sosie de feu Serge Gainsbourg.

41

Pas facile de passer du statut de consommateur à celui de fournisseur. D'autant plus lorsqu'on ne correspond pas réellement au consommateur moyen. Le consommateur moyen sur la commune ingurgite rarement une bouteille de rouge avant 9h du matin, et même si c'était le cas la commune ne compte que 2000 habitants pour 2 caves déjà en activité.

- Oui, mais avant de convaincre des financeurs, il est important de formaliser votre projet de par la réalisation d'un Business Plan. Le tout n'étant pas d'être convaincu, mais plutôt de convaincre lorsque l'on recherche des partenaires. Et dans la mesure où vous ne disposez d'aucuns moyens financiers, il va falloir être convaincant.

Après une longue et profonde discussion, les associés sont convaincus de l'intérêt d'approfondir et de formaliser leur projet. J'estime pour ma part que mon rôle est rempli et que cette perspective limitera les risques. L'objectif étant de leur ouvrir les yeux ou du moins de limiter les risques en réorientant le projet.

Malgré ma profonde sympathie, je ne peux m'empêcher de penser que ce projet découle peut-être d'un auto-bilan de compétences de cette sympathique clique, qui, un matin comme tous les autres au Café des Sports en sirotant un premier ballon de rouge se sont auto-persuadés que leur avenir professionnel résidait dans leur activité favorite : l'alcool.

Tâche ingrate que celle d'ouvrir les yeux à des personnes désespérées. Je prends alors conscience de la difficulté humaine de ma tâche. L'intelligence collective n'est pas toujours gage d'objectivité et de réussite.

La psychologie fait partie intégrante de mon métier. Accompagner les gens dans une phase primordiale implique une prise en compte importante de leur psychologie.

Mon discours doit donc avant tout être humain. Car la création d'entreprise est une belle aventure humaine, mais n'est certainement pas l'idéal professionnel pour tous.

Le pôle scientifique des bio-technologie

Il y a des opportunités professionnelles qui ne se produisent qu'une fois dans une carrière. Le projet, qui fera de vous, la personne du moment sur le territoire. Celui grâce à qui tout a été possible. Celui qui à lui seul a su redynamiser le tissu économique local et projeter son territoire rural sur le devant de la scène nationale voir internationale.

Ce projet, je l'avais déniché totalement par hasard. Enfin, c'est plutôt le projet qui m'avait trouvé, de par mon statut très enviable de « Monsieur création d'entreprises » de la dizaine de communes rurales sous ma responsabilité. Monsieur Durant, le responsable du projet de pôle de compétence scientifico-industriel était entré en contact afin notamment de trouver quelques hectares de terrain. Ce projet d'envergure, de plusieurs dizaines de millions d'euros, devait regrouper les plus grands scientifiques et industriels dans le domaine des éco-activités et fournir à terme quelques 300 emplois.

Autant dire qu'à l'énoncé de ces éléments à mes élus de référence, je pensais m'être transformé en Philippe Risoli présentant le dernier tirage du « Millionnaire ». De quoi assurer à nos décideurs locaux leur siège de Maire pour la prochaine décennie.

Un premier rendez-vous avec les 3 chefs de projets frôlant les 60 ans et avec un bagout exceptionnel et fatiguant fut donc organisé. Les fameux « tout vu tout fait », collaient bien à l'image des chercheurs overbookés, un peu dégentés et en totale lévitation au-dessus du monde réel.

Intellectuellement, je suis quelque peu déstabilisé et les conversations sur l'efficacité induite des engrais éco-conçus en milieux désertique me laissent sans voix. Mes rapports avec les éco-activités se limitent en fait à l'utilisation d'une lampe dynamo les jours de coupure d'électricité. J'y suis bien entendu très sensible, mais ne me risque pas à engager une conversation avec des pointures du CNRS (Centre National de Recherche Scientifique). Ces derniers étant de toute manière coutumiers du monologue, ils semblent visiblement apprécier de s'écouter parler.

Ils nous parlaient, depuis plusieurs semaines, de millions, de financeurs et d'industriels mondialement connus. Tout le projet financièrement et techniquement parlant était bien entendu bouclé. Il ne manquait que le terrain. Le Power Point[9] soigneusement préparé mettait en évidence la rigueur du scientifique et la fabuleuse opportunité qui se présentait à notre territoire. La recherche sur des procédés révolutionnaires de culture et la production sur le territoire assureraient, sans aucun doute une notoriété, une manne financière et des créations d'emplois sans pareil.

Les cartes de visites distribuées en fin de réunions, découpées aux ciseaux et sorties vraisemblablement d'une imprimante jet d'encre des années 80, attiraient tout de même mon attention. Deux précautions valent mieux qu'une. Je décide d'entreprendre un minimum de recherche sur nos amis et futurs investisseurs providentiels. Après tout, ceci me semblait légitime compte tenu de l'ampleur du projet. A l'heure d'internet, une petite recherche Google afin de vérifier les antécédents de nos chercheurs du CNRS, mondialement reconnus à les écouter, ne devrait prendre que 2 minutes et satisfaire mon excès de méfiance.

Rien, et rien de rien. Si ce n'est une agence immobilière à l'adresse parisienne chic, figurant sur les cartes de visite. Des chercheurs sans une info internet, cela semble peu probable et crédible.

Deux hypothèses à tout ceci. Ces chercheurs dépendent directement de la Sécurité Intérieure et travaillent actuellement sur des projets top secret pouvant remettre en question la face du monde. Ils sont donc certainement sous couvert d'anonymat. Non, ce scénario est en fait celui de la série B visionnée la veille et franchement navrante.

Autre hypothèse, nos amis sont effectivement sous couvert d'anonymat, dans une mission à but lucratif « prendre les bouzeux[10] pour des truffes ». L'opportunité immobilière me semble la plus probable, acheter un terrain à très bas prix à la collectivité sous couvert de projet bidon, totalement survendu d'ailleurs, et monter un complexe touristique. Le territoire est certes rural, mais très touristique l'été, d'où le prix exorbitant de l'immobilier et du foncier.

Je n'avais jamais approché d'escrocs de près. En fait, ils sont comme la plupart des gens, sympathiques, et généralement ils sur-jouent un peu. Façon sitcom « Hélène et les Garçons » sans les rires stupides. Je suis néanmoins épaté de l'aplomb avec lequel ils ont menti. Avec du recul l'ensemble de leur discours était « too much ». Leur bac plus 10 en escroquerie devait certainement comporter une option « plus c'est gros, plus ça passe » coefficient 7.

La nature humaine en prend un coup. « Tout le monde il est pas beau et gentil ». Je sors peu un peu de mon monde de Bisounours[11].

Après plusieurs rendez-vous téléphoniques avec nos Rocancourts[12] en herbe. La stratégie consistait à leur demander le maximum de documents et de garanties sur le projet et sur sa teneur. Ces demandes ont bien entendu engendré une disparition totale de nos soi-disant chercheurs. Et très rapidement une mise hors service de leurs numéros de téléphones.

La consécration

Après 4 années de bons et loyaux services au sein de la collectivité à œuvrer pour la création d'entreprises, me voilà sur le départ.

Certainement un besoin générationnel de changer d'air. Je suis conscient de faire partie d'une génération qui se lasse vite, sans doute du fait qu'elle a tout eu trop vite. Et ce costume de « Monsieur création d'entreprises » était devenu trop étroit pour moi. Mes parents ont passé toute leur vie au même poste à faire le même métier. Les notions de licenciement et mutation leur sont étrangères. Et il est d'autant plus inconcevable pour eux de changer de poste par envie.

"Pour quoi faire ? Tu n'es pas bien où tu es ? "

Mais en réalité je suis blasé de la récurrence des profils et des projets rencontrés. J'ai simplement l'impression de ne plus progresser, de ne plus avancer et donc de ne plus rien espérer d'un point de vue professionnel. Ce poste qui apparaissait il y a quelques années comme une formidable opportunité professionnelle, ne me procure plus aucune joie.

Il est, je pense, simplement temps de passer à autre chose. De me fixer de nouveaux défis et de me recentrer sur de nouveaux objectifs.

De plus, travailler pour une Collectivité me pèse davantage chaque jour. J'ai souvent l'impression de devoir ouvrir une boite de conserve avec un crayon. Je m'attache quand même à maintenir et à développer une notion de service client, basée sur la réactivité et la flexibilité. Chose pas toujours aisée compte tenu des outils mis à ma disposition par l'administration. Ambassadeur de complexité, le service public est assez mal armé pour répondre aux besoins des entreprises et des créateurs d'entreprises. La moindre initiative et prise de décision nécessite des efforts surhumains pour la mise en oeuvre, et surtout, exige une patience et une zen attitude hors norme. L'urgence pour un jeune chef d'entreprise se compte en minutes ou en heures, alors que pour l'administration elle se compte en semaines ou en mois. Difficile donc de concilier ces deux visions antinomiques.

Depuis 4 ans j'accompagne des porteurs de projets, et je pense qu'il est temps de passer à l'accompagnement des chefs d'entreprises confirmés. Ceux pour qui le projet s'est transformé en réalité. Ceux qui sont dans l'action et doivent relever le défi quotidien de la gestion d'entreprise.

Je suis, conscient que la création d'entreprise n'est pas la solution miracle contre le chômage en France, contrairement à ce que l'on voudrait nous faire croire. Et je reste persuadé que le réel enjeu du développement économique et de l'emploi se situe dans l'accompagnement des entreprises en activité. Légitimement, j'en déduis que je serais plus utile à venir en aide aux petites entreprises, afin de leur permettre de se développer, et de créer des emplois.

J'ai besoin de concret, d'efficacité, et le poste qui devrait me permettre ceci se situe, loin, très loin de mon petit territoire rural.

Paris, la capitale française et surtout capitale économique va devenir mon nouveau terrain de jeu. Le centre névralgique de l'activité économique, de l'innovation et des projets d'envergure est une destination rêvée. Des postes à responsabilité en contact avec des entreprises à forts potentiels sont accessibles aux jeunes, ce qui est rarement le cas en province.

Paradoxalement, mon expérience au sein d'une petite collectivité est un avantage non négligeable. Ce poste m'a permis de développer des compétences pluridisciplinaires et une autonomie importante. J'ai gagné en confiance et ma recherche d'emploi s'en fait ressentir.

Une candidature, un entretien, un poste. J'allais enfin pouvoir accompagner et conseiller des entreprises innovantes ayant des ambitions internationales. Finis, les projets de centre de toilettage canin, les maçons et autres supérettes rurales, qui m'ont certes apporté énormément, mais ne suffisaient plus à mon épanouissement intellectuel et professionnel.

Cet emploi de conseiller, consiste à accompagner les petites entreprises en création et en développement. Je n'interviendrai donc désormais non plus exclusivement auprès des porteurs de projets mais également auprès de chefs d'entreprises en activité. Les problématiques et les attentes sont différentes, et nécessitent une somme de compétences nouvelles qu'il me faudra acquérir ou approfondir rapidement.

Mon rôle sera principalement de fournir du conseil généraliste. Le contact humain et la mise en place d'une relation de confiance avec ces chefs d'entreprises seront primordiaux. Il s'agira entre autre de leur permettre de prendre du recul sur leur activité, d'attirer leur attention sur les problèmes récurrents en organisation, stratégie, afin d'assurer leur développement.

Je devrai donc faciliter leurs prises de décisions, leur permettre de gagner du temps et de mieux analyser leur activité. Il me faudra pour cela faire preuve de psychologie, d'ouverture d'esprit et d'une maitrise parfaite des différents outils d'aide à la décision et de management.

Tous ces sujets me passionnent depuis longtemps, approfondir mes connaissances en la matière et pouvoir en faire bénéficier des entreprises me réjouit.

Je continuerai néanmoins à garder un œil sur la création d'entreprise et l'information des porteurs de projets tout en poussant plus loin l'accompagnement. Il me sera donc désormais possible d'accompagner les porteurs de projets dans leur aventure entrepreneuriale. En somme, tel un jardinier, de planter la graine et d'accompagner la croissance.

La transition

Ma prise de poste s'est déroulée idéalement. Dès mon arrivée, je suis mis en confiance par ma Direction et après quelques mois, je bénéficie d'une grande autonomie. Ceci est primordial à mes yeux et représentait ma plus grande source d'inquiétude. Ayant quitté un poste sur lequel je n'avais plus rien à prouver et au sein duquel j'étais totalement autonome, j'étais anxieux à l'idée de ne pas retrouver les mêmes conditions de travail.

J'ai désormais pris la pleine mesure de ma tâche et acquis une partie des connaissances nécessaires à la bonne réalisation de ma tâche.

D'un point de vue personnel, je commence à prendre mes marques dans ma nouvelle vie parisienne. Je dispose d'un nouvel appartement, 2 fois plus petit que le précédent et surtout deux fois plus coûteux. Ce bien immobilier mansardé dispose d'une vue idéale sur le mur de l'immeuble d'en face et d'une isolation thermique sans équivalent. Un véritable four l'été et un frigo l'hiver. Tout ceci me change de ma petite maison à 500 m de la mer.

Je découvre les joies de la vie urbaine, avec les sorties au parc le weekend pour tenter d'apercevoir de la verdure et de respirer un air moins pollué. Mon footing hebdomadaire en front de mer s'est transformé en footing urbain.

Je ne regrette cependant pas mon choix, et m'acclimate assez bien malgré ces nouveaux petits désagréments. Ma décision était dictée par une volonté d'évoluer, de découvrir de nouveaux challenges et de nouveaux projets de création d'entreprises innovantes. Je ne tarde pas à me frotter à la réalité.

L'homme qui marchait sur l'eau

Suite à un appel téléphonique surréaliste, d'un Géotrouvetout[13] local, me voilà embarqué dans un rendez-vous qui promet d'être inoubliable.

Monsieur Bouziri, souhaitait impérativement me voir afin de me présenter son projet, connaître mon avis et mes conseils sur les démarches à engager.

- Vous en avez toujours rêvé ….je l'ai fait !

Ce slogan que me jette ce petit sexagénaire dégarni me laisse sans voix. J'ai bien rêvé de remporter le jackpot au Loto ou de devenir Zinedine Zidane, mais je ne vois pas très bien comment ce petit bonhomme pourrait me transformer en millionnaire ou en mon idole du ballon rond.

- Avant de te présenter mon invention, je te demande un grand discrétion. Même si tout il est breveté, j' veux pas me faire piquer l'idée. Je sais comment qu'ça s'passe moi !

Monsieur Bouziri a certes quelques lacunes en français, mais l'important reste de se comprendre. Ce tutoiement qui pourrait vite passer pour un manque de respect sonne au contraire, dans sa bouche, comme une profonde marque de confiance.

- Ne vous inquiétez pas, ici, c'est comme chez le médecin. Je suis très attaché au secret professionnel et j'en ai l'habitude.

Il est vrai que chaque projet revêt une importance particulière et qu'à ce titre, la moindre des choses est la discrétion et la confidentialité.

- J'a trouvé le moyen de marcher sur l'eau.

En me levant ce matin je ne pensais pas faire la rencontre de Jésus. Jésus a bien changé. Malgré mon manque de culture religieuse, je le voyais plus grand, avec des cheveux et une barbe !

50

Monsieur Bouziri, me sort alors une série de photos et de plans présentant son prototype. Car son invention n'est pas divine. Rien à voir avec des plans d'ingénieur d'un point de vue technique, ni avec des croquis de Léonard de Vinci au niveau artistique. J'aurai tendance à dire que ça ressemble davantage à un dessin d'enfant de petite section de maternelle. Il faut cependant admettre que le schéma révélait une certaine ingéniosité.

En ce qui concerne les photos Polaroid, j'avoue que je ne savais pas vraiment dans quel sens les regarder. D'ailleurs faire une photo Polaroid en 2007 est révélateur d'un projet qui sort du commun, alliant vintage et innovation.

- J'ai eu des propositions de Decathlon et d'Intersport mais j'veux le faire tout seul. C'est mon idée, me précise Monsieur Bouziri.

- Vous êtes conscient des moyens nécessaires et de l'investissement liés aux études complémentaires, au dépôt de brevet, à l'industrialisation et la commercialisation de ce type de produits ? Avez-vous des financeurs, des pistes, des contacts ?

- Non, j'a rien. Je suis en foyer avec maman et avec le RMI. Tout ce que j'ai c'est ce prototype, me lança t-il en me désignant les photos.

- Un contrat avec une entreprise capable de finaliser le produit et le commercialiser me semblerait une bonne idée. Tout dépend de la contractualisation et des termes du contrat. Mais cela peut vous permettre de tirer un bénéfice de cette idée avec un risque et une implication moindre.

- Pas question je veux tout faire, j'peux tout faire moi j'te dit !

Sans moyen et prenant en considération les propositions, je lui suggère qu'un peu de beaucoup vaut mieux que rien de rien.

Après avoir expliqué à Monsieur Bouziri, fort sympathique au demeurant, et que j'aimerai aider vu sa situation, que je n'étais pas en mesure de lui fournir 2 millions d'euros, je l'oriente vers des organismes d'accompagnement afin de creuser son projet. J'insiste sur le fait qu'il est important de prendre le temps de la réflexion sur le montage juridique, financier et technique. J'attire également son attention sur la protection intellectuelle et industrielle de son invention.

Une bonne idée et un bon projet ne valent rien sans une mise en œuvre éclairée. Mais Monsieur Bouziri a son idée et c'est le seul maître de son avenir.

Aux dernières nouvelles, Jésus ne m'est pas réapparu et je cherche toujours des marcheurs sur l'eau. Jésusport n'a pas vu le jour et n'est visiblement pas prêt de devenir discipline Olympique, ce qui aurait sans aucun doute dynamisé l'intérêt de la compétition.

Le vendeur de produits chinois

Comme chaque année à la même période, me voilà membre du jury du prix de la création d'entreprise locale. Cette manifestation vise à récompenser le meilleur projet de création d'entreprise du territoire à partir de différents critères pas toujours objectifs.

Je suis relativement habitué à cet exercice et je l'apprécie d'autant plus que c'est généralement l'occasion, en un laps de temps très court de me confronter à des projets relativement variés.

Choose Land comme son nom l'indique appartenait à la catégorie des projets ridicules.

Le porteur de projet en question était une réelle « fashion victime », prêt à dépenser 300 € dans une paire de chaussures vertes et jaunes, ou dans un pantalon saumon et de rester vivre chez Papa Maman jusqu'à 40 ans.

Adepte de l'argent facile, ce dernier est visiblement persuadé que le travail ne paie pas et que pour faire fortune, ce qui était son objectif professionnel majeur, il fallait trouver le bon filon. Concrètement il comptait bien tout miser sur le coup de chance en s'affranchissant de certaines contraintes ou même réflexions. Le modèle économique de ce projet reposait sur des valeurs fortes : faire du fric, du fric et du fric sans trop savoir ni chercher à connaître la législation en vigueur.

Son business était bien entendu en rapport avec la mode ou plutôt les marques. Notre ami était ainsi entré en contact avec les maîtres du marché mondial : « les chinois ». L'idée était relativement simple, il devait se faire livrer en France des containers entiers de chaussures de marques ...en provenance de Chine et à très bas prix.

Ces chaussures lui étaient facturées par son intermédiaire chinois à des prix défiant toute concurrence et surtout, pour n'importe quelle personne ayant les pieds sur terre, à des conditions plus que suspectes. En effet, 15 €, la Paire de chaussures de marque qui serait revendue à 10 fois ce prix sur internet, cela semblait trop beau pour être vrai.

Après 10 minutes de présentation du projet, nos questions lors de ce jury portent donc légitimement sur les notions contractuelles avec l'intermédiaire chinois et sur l'aspect "contrefaçon" qui se cachait certainement derrière cette aubaine financière.

- Pouvez-vous nous expliquer comment vous avez réussi à trouver un intermédiaire chinois à de telles conditions alors que ces marques disposent de réseaux de distribution existants et très réglementés, lance un de mes collègues aussi perplexe que moi.

- En fait, mon ami Chinois connait les directeurs des entreprises qui fabriquent ces chaussures en Chine. L'idée est donc de faire sortir des chaussures du circuit de distribution classique à des prix tirés.

Par distribution classique je comprends bien entendu « distribution légale ».

Cette explication fumeuse, nous laisse non pas une mais deux possibilités : soit il s'agit de contrefaçons, soit il s'agit de vol, ou peut-être même les deux.

Choose Land allait certainement se transformer en Loose Land[14], soit lorsque notre porteur de projet constatera que son container de chaussures n'arrivera pas, soit lorsque les douanes le feront retomber de son nuage au premier contrôle.

Pour ce qui est du résultat du concours, inutile de préciser que ce porteur de projet écopera d'une mauvaise note pour la partie juridique principalement, et pour l'ensemble de son œuvre également. Ce projet n'a à ma connaissance jamais vu le jour, ce qui semble une bonne nouvelle.

Dans les affaires comme dans le privé, la vie en société requiert le respect d'un certain nombre de règles et de lois.

Hades.com n'a pas besoin d'aide.

Après une matinée en colloque extérieur avec des partenaires de l'accompagnement des entreprises, me voilà de retour au bureau. Ces réunions généralement sympathiques ont comme vocation première de permettre de mieux nous connaître et ainsi d'échanger plus facilement sur les projets et sur nos problématiques. Le relationnel et l'humain font partie intégrante de nos métiers. Il est ainsi plus facile d'échanger des points de vue sur un dossier transversal entre deux blagues « salaces ».

Suite à cette matinée fort agréable et néanmoins productive, une pile de messages m'attend sur mon bureau. Ceux-ci sont de différentes natures, que j'ai pris l'habitude de classer en trois catégories : sans suite, sans urgence et prioritaires.

Les messages sans suite. Autrement dit les multiples sollicitations de commerciaux, qui, il faut bien le reconnaître rivalisent d'imagination afin d'échapper au filtrage de mon assistante. J'ai ainsi régulièrement à rappeler des amis de longue date dont je ne connais absolument pas le nom. Des sociétés que j'ai, soi-disant, moi-même sollicitées, dont l'existence m'est inconnue et d'autres personnes qui m'appellent pour des raisons urgentes et personnelles.

Charlotte a l'habitude de ces sollicitations et se révèle une arme indispensable dans la lutte contre ces « parasites ». Elle relève néanmoins systématiquement les coordonnées, au cas où il s'agirait bien d'une affaire personnelle extrêmement importante. Je lui en voudrais évidemment de passer à côté de l'appel du notaire en charge de l'héritage de mon grand-oncle Marcel.

Mais en général, ne recevant aucun coup de téléphone personnel au bureau, il lui est relativement facile de démasquer ces usurpateurs d'identités.

Les messages sans urgence. Ces derniers doivent être pris en considération, mais rien ne presse. Entrent dans cette catégorie, les porteurs de projets ayant une idée très vague de création d'entreprise, que j'appelle plus communément les Ephemeroptères[15]. Ceux qui se sont mis dans la tête de créer une entreprise en se levant le matin même, et sont persuadés du futur succès international de leur projet. La plupart du temps, ces derniers veulent que je traite leur dossier dans la journée, comme si l'ensemble du parcours de création d'entreprise devait et pouvait être réalisé en 24 heures.

Du temps de ma crédulité, ces dossiers étaient effectivement traités sur le champ et les auteurs rappelés immédiatement, mais ce n'est désormais plus le cas. L'expérience m'a démontré que l'urgent est souvent désespérant. Effectivement créer une entreprise nécessite réflexion et planification. Ce sont souvent les principaux gages de réussite. Et lorsque l'urgence apparait c'est simplement par manque de rigueur et d'anticipation. Autant dire que c'est le premier signe de la catastrophe. Afin de gagner du temps et suite à un certain nombre de dossiers urgents calamiteux, j'attends désormais un deuxième signe de vie de ces Ephemeroptères. Dans 90 % des cas, ces derniers disparaissent de la surface de la planète « création d'entreprise » ; du simple fait que la réflexion intervient après coup chez ces individus, et que dès le lendemain matin une autre lubie leur est passée par la tête.

Les messages prioritaires. Ils sont peu nombreux, et émanent généralement de ma direction ou des organismes partenaires. Ils entraînent bien entendu un rappel automatique dans l'instant.

Les sollicitations des entreprises en cours d'accompagnement sont également classées dans cette catégorie. Ma conscience professionnelle implique une grande disponibilité vis-à-vis de celles-ci.

Le message de Monsieur Barran était tout sauf prioritaire. Ce dernier souhaitait connaître dans le détail, notre offre de prestation de services à destination des entreprises.

Je décide néanmoins de rappeler ce Monsieur Barran, et ainsi de légèrement déroger à la règle.

- Bonjour, vous avez cherché à me joindre pour avoir des informations sur notre offre de services.

56

- Oui, j'aimerais faire appel à vos services et serai particulièrement intéressé par vos différents accompagnements et conseils dans le cadre de la création de mon entreprise.

- Pouvez-vous m'en dire un peu plus sur votre activité, le marché, votre stade de développement …?

- Oui, mais je vous demande une grande discrétion puisque c'est extrêmement innovant. Mon idée est de créer un site internet de message à destination des personnes décédées.

- Un site de relation avec l'au-delà ?

- Je suis parti d'un constat personnel. Les proches ne peuvent pas toujours se rendre dans les cimetières et rendre hommage à leurs parents ou amis décédés. C'est donc le moyen de remédier à tout ceci.

- Comment allez-vous rentabiliser cette entreprise ? Et quelle est votre modèle économique ?

- Le site sera payant, évidemment ! me lance ce messager de l'au-delà.

Nous touchons donc au paranormal. Encore une fois, je suis surpris de l'esprit créatif de certains individus. Avoir l'idée était déjà extraordinaire, mais penser pouvoir gagner sa vie avec, franchement, on est bien dans le surnaturel.

Avec ces explications, je suis rassasié en terme d'innovation. Créer un site internet afin de communiquer avec les morts demandera certainement des développements technologiques et informatiques majeurs. Adepte de la prise de note et des noms de code, je rebaptise ce projet Hades.com[16] en référence au roi des morts dans la mythologie grecque. Comment Hades.com sera-t-il en mesure de vérifier que les proches décédés sont bien reliés au net ? Je ne suis pas certain que la confirmation de lecture de la messagerie Outlook fonctionne pour l'adresse maurice.dupond@paradis-mail.com

Cette avancée technologique mettra certainement en péril une profession tout entière, celle des voyant-médiums, qui feront bientôt partie de l'histoire au même titre que les télégraphes en leur temps à l'arrivée du téléphone. Mais le progrès a des conséquences et rien n'arrête le progrès.

Malgré mes réserves et mon scepticisme, j'expose à Monsieur Barran notre offre de services ainsi que les conditions d'accès, dont la fourniture d'un document explicatif sur le projet. Et sa première réaction fut plutôt brutale.

- Je ne comprends pas que vous me demandiez tout ça. Les informations sur mon entreprise ne vous regardent absolument pas. C'est scandaleux ! Me hurle-t-il au téléphone.

- Monsieur, vous me demandez mon aide et mes conditions d'accès aux services, je vous les donne. Je ne vous contrains pas à me fournir quoi que ce soit. Sachez que ces éléments restent confidentiels et me sont utiles afin de mener à bien ma mission. Plus mon niveau d'information concernant votre entreprise est important plus je serai pertinent et efficace.

- C'est n'importe quoi, je ne vous ai jamais demandé votre aide.

- Vous m'appeler pour que je réponde à un besoin et que je vous fournisse des services et des conseils. Je pense qu'on peut légitimement dire que vous me demandez de l'aide.

Après 10 minutes de conversation passionnante sur la définition de la notion d'aide et de celle de « répondre à un besoin », je me rends à l'évidence : cet individu est idiot et me fait perdre mon temps.

- Monsieur, dans la mesure où vous ne souhaitez pas déposer un dossier, je ne suis pas en mesure de vous fournir mes services. Je pense qu'il n'est pas utile d'aller plus loin.

- Je trouve ça aberrant de me demander de vous faire part du dossier de présentation de mon entreprise.

58

- Effectivement pourquoi présenter un dossier de présentation à un organisme qui vous fournira une prestation et vous aidera à vous développer ! Et d'ailleurs partant de ce postulat, pourquoi avoir réalisé un dossier de présentation de votre projet puisque visiblement vous ne souhaitez pas le présenter.

- C'est incompréhensible, me répond t-il sèchement.

- Effectivement, c'est également le mot qui me venait à l'esprit.

Il faut appeler un chat un chat et un imbécile un imbécile. Monsieur Barran n'était pas un chat mais un véritable idiot qui venait de me faire perdre une demi-heure à papoter « sémantique ». Faute de communiquer avec les esprits, je pense qu'il lui sera davantage utile de retrouver le sien.

Je me remémore un adage entendu quelques jours plus tôt à la radio "on est tous le con de quelqu'un". Mais je pense que certaines personnes, dont Monsieur Barran, sont les cons d'un grand nombre de personnes.

Cette ultime erreur finit de me convaincre définitivement sur cette règle de base : « ne jamais reprendre contact lorsqu'il s'agit de demande urgente d'un porteur de projet ».

La création d'entreprise au secours des plus défavorisés

Les demandeurs d'emplois, et bénéficiaires des minimas sociaux correspondent aux personnes les plus enclines à créer une entreprise. Ceci représente souvent selon eux le seul moyen de retour vers l'emploi, et d'amélioration de leurs conditions. Cette réflexion est très honorable et démontre également une volonté de s'en sortir par le travail, thématique chère à certains courants politiques, mais souvent faussée pour plusieurs raisons.

Tout d'abord beaucoup de personnes ne sont pas conscientes des conséquences que peut engendrer la création d'une entreprise. Implications positives en cas de réussite, ou négatives, voir dramatiques en cas d'échec. Il n'est en effet pas plus facile de gérer le développement d'une entreprise que de gérer son échec.

Or, force est de constater que ce public est souvent le moins bien formé, et donc préparé. Il correspond également aux personnes les plus fragiles, et pour lesquelles un échec, ou nouvel échec, professionnel aurait des incidences désastreuses, aussi bien économiquement que moralement.

Cette première constatation, m'a incité à me poser un certain nombre de questions quant à mon rôle d'accompagnateur en création d'entreprises. Quelle était ma responsabilité vis-à-vis du public que j'accueille ?

Mon rôle n'est certainement pas l'incitation à la création d'entreprise. La volonté doit venir de l'individu lui-même. Principalement parce que sa motivation doit être assez grande pour surmonter les difficultés liées à l'entrepreneuriat et surtout à la gestion quotidienne de l'entreprise.

La création d'entreprise ne doit pas non plus être une solution de repli ou de dernier ressort pour l'individu. C'est de plus en plus souvent le cas. Les personnes ayant de grandes difficultés à trouver un emploi, voient comme seul moyen de s'en sortir de se mettre à

60

leur compte. L'expérience m'a démontré que cette réflexion aboutissait le plus souvent à un échec cuisant. Et que l'individu en question se retrouvait généralement encore plus démuni.

Les motivations du créateur sont donc primordiales.

La vision du quotidien du chef d'entreprise et de ses fonctions sont également sources de malentendu. Beaucoup de personnes visualisent le dirigeant de petite entreprise comme une rockstar à qui tout réussit sans gros investissement financier ni implication professionnelle. Concrètement, nous sommes dans une société ou tout le monde crache sur les patrons, mais rêve de le devenir.

Cela pose alors la question de la définition du dirigeant d'entreprise, de son rôle et de son quotidien.

Les jeunes, pensent qu'un chef d'entreprise roule forcément en BMW ou en Mercedes, embauche à 11h pour enchainer sur un repas d'affaire qui se prolonge toute la journée. Complètement sous influence télévisuelle, ils imaginent que ce dernier dispose d'une assistante plutôt attirante, qui lui sert le café et plus si affinité, de collaborateurs ultra-productifs, aux petits soins et complètement soumis qui s'occupent de la partie technique. Mais ceci n'est qu'un rêve et ne colle en rien à la réalité. Le premier travail auquel nous sommes confrontés en tant qu'accompagnateurs est de leur faire prendre conscience des réalités et de leur montrer que cette vision du chef d'entreprise est inexacte. Il est également important de dissocier les dirigeants d'entreprises du CAC40 et les chefs de très petites entreprises. Ces derniers se sous-payent les premières années, ou ne se paient pas du tout la plupart du temps. Ils travaillent en principe entre 50 et 70 heures par semaine et ont un nombre incalculable de choses à gérer et à penser. Cette vie a généralement de grosses incidences sur leur vie privée, et même sur leur santé. Lorsque la réussite arrive, elle a donc largement été provoquée et relève d'une implication professionnelle totale. Nous pouvons donc dire, que la plupart du temps, cette réussite économique est méritée.

Il est donc nécessaire de communiquer mais de bien communiquer. Ne pas cacher la réalité de la situation des chefs d'entreprises, non pas pour décourager les postulants, mais pour mieux les préparer. On ne devient pas chef d'entreprise uniquement par appât de gain financier.

Cette réflexion me met à contrecourant des initiatives locales et nationales en matière de création d'entreprises. Je suis conscient du fait que tout le monde ne peut pas créer son entreprise et qu'il ne faut pas idéaliser cette fonction ni sous-estimer ses implications.

L'information oui, la propagande non.

Jordan, est le stéréotype même du jeune sous influence de cette propagande entrepreuriale. Ce jeune homme se présente à mon bureau, sans rendez-vous et surtout sans aucune correction.

-    Je veux des informations pour créer mon business.

Me lance-t-il, d'un ton très hautain comme si tout lui était dû. Puisque Monsieur le souhaite, le monde entier doit satisfaire ses envies. Comportement dont certains jeunes ont le secret ce qui a sincèrement le don de me mettre hors de moi.

-    Bonjour … c'est certainement le premier mot que vous cherchiez !

-    Ouais c'est ça ! Me rétorque Jordan, d'un ton faussement gêné.

-    Voilà, j'ai besoin d'argent pour monter un commerce.

Cette génération que certains pensent perdue et que j'espère pour ma part simplement égarée, fonctionne à partir de codes et de règles bien particulières.

Elle est entièrement consciente et au fait de ses droits, mais ne veut pas entendre parler de ses devoirs, parle de respect à chaque phrase, mais n'a aucune idée de sa définition. Elle exige le respect sans en accorder à rien ni personne.

"Bonjour, s'il vous plait" sont à leurs yeux de simples mots sans importance ni utilité, certainement trop complexes et nécessitant trop d'énergie pour être utilisés. L'effort et le travail ne

62

sont en effet pas réellement les moteurs de leur vie. Ils courent simplement après la notoriété et la fortune.

Ces pensées me propulsent au rang de « vieux con ». A 35 ans, je suis un imbécile bien loin des idéaux de tolérance et d'humanité qui étaient les miens quelques années auparavant.

Je m'aperçois cependant n'avoir aucune difficulté à travailler et échanger avec des personnes plus âgées avec qui je partage un certain nombre de valeurs. Mais, force est de constater qu'un fossé se creuse avec les nouvelles générations.

L'évolution de la société est ainsi faite. Peut-être ont-ils raison. Après tout, les règles de vie en société sont certainement faites pour évoluer ou régresser. Tout dépend de la manière dont on voit les choses. Je voulais moi-même des changements de comportement, une prise de conscience collective, plus d'humanité et de valeurs morales.

La morale et le respect sont des notions subjectives. Et elles tendent à devenir de plus en plus hétérogènes.

Jordan, pour sa part quittera mon bureau aussi vite qu'il y était entré. La simple évocation des obligations financières, administratives, et fiscales ont eu raison de sa faible motivation. J'ai simplement eu le temps de constater que « Au revoir » et « Merci », ne faisaient pas non plus partie de son vocabulaire.

L'autoentrepreneur : chef d'entreprise, à la portée de Monsieur tout le monde

2010 semble être l'année du n'importe quoi. Depuis plusieurs mois déjà, je subis le fameux statut d'autoentrepreneur[17]. Ce statut fait la une de tous les journaux avec comme slogan subliminal « tout le monde peut créer son entreprise, et maintenant il suffit de 3 clics et 10 mn sur internet ».

Concrètement cette réforme consiste à simplifier les procédures de création d'entreprise en s'affranchissant de toutes les formalités, y compris certaines vérifications administratives.

Cela a bien entendu, comme l'avait espéré le gouvernement, boosté les chiffres de la création d'entreprises en France en les multipliant par 2 en l'espace d'un an. Par la même occasion le chômage diminuait à la grande satisfaction des politiques. Poudre aux yeux, puisque la plupart des autoentrepreneurs ne font que s'inscrire comme « apprentis chef d'entreprises » et n'ont pas déclaré le moindre petit chiffre d'affaires.

Quoi qu'il en soit, la propagande nationale fonctionne bien et les chiffres bruts laissent penser à une réussite de ce statut qui facilite l'esprit créatif et l'initiative économique des français. En somme devenir son propre patron est à la portée de tous.

Dans les faits et sur le terrain, nous sommes depuis plusieurs mois assaillis par « des apprentis chefs d'entreprises » qui après s'être inscrits sur internet nous appellent pour savoir ce qu'ils doivent faire.

Mon électricien de ce mardi matin, avait tout d'un bricoleur du dimanche, et il ne déroge pas à la règle. Ce brave homme qui souhaite se mettre à son compte a profité de cette simplification administrative pour devenir son propre « patron ».

- Bonjour, je viens de créer mon entreprise en électricité générale et je vous appelle car j'ai besoin d'information sur la démarche à suivre. Je suis maintenant inscrit et je dois développer mon business, et je ne sais pas comment m'y prendre.

Le monde à l'envers, désormais les gens créent leur entreprise avant de réfléchir à l'ensemble des compétences et des problématiques qui vont s'imposer à eux.

Mon premier réflexe, intuitif et "réac" serait de simplement lui répondre : il ne fallait pas écouter la propagande nationale, un projet de création d'entreprise ça se réfléchit et être chef d'entreprise est un vrai métier. Mais cela serait mal venu. Il ne s'agit, en effet, que d'une pauvre victime incrédule de notre système qui marche sur la tête.

- Monsieur, vous devez impérativement mettre en place une stratégie de développement avec des objectifs et des actions commerciales, de communication. Ceci ne s'improvise pas, vous devez donc avoir une vision prospective globale. Si vous ne disposez pas de compétence au niveau commercial ni au niveau de la communication qui sont les leviers du développement de votre activité, il est encore temps de les acquérir ou de vous faire accompagner.

- Mais je ne comprends pas, je suis maintenant patron, je suis totalement délaissé et personne ne me dit rien.

Comme tous les patrons de petites entreprises, c'est d'ailleurs l'avantage et l'inconvénient de se mettre à son compte. Vous êtes seul et vous vous débrouillez ou vous coulez.

- Effectivement, vous devez désormais vous prendre en charge et développer un réseau de partenaires, de personnes ressources et de conseillers capable de vous aider.

- Mais ça coûte cher tout ça. Je me suis mis à mon compte pour gagner des sous, pas en dépenser, me rétorque-t-il d'un air désabusé.

- Je vous comprends, mais pour gagner de l'argent, comme vous dites, il faut en dépenser. Et si vous n'êtes pas compétent dans certains domaines, il vous faut trouver des ressources.

Le statut d'autoentrepreneur a permis à un grand nombre de personnes de se mettre à leur compte. L'objectif affiché des autorités était de redynamiser le tissu économique en facilitant l'initiative et l'esprit d'entreprendre. La procédure et la gestion administrative de ce nouveau statut sont simplifiées au maximum, pour permettre à « Monsieur tout le monde » de se mettre à son compte.

L'initiative économique qui fait cruellement défaut à notre pays freine l'innovation et la croissance. En effet, la peur du risque, la complexité et la culture française peu encline à l'entrepreneuriat en sont les principales raisons. Il était par conséquent indispensable de simplifier et désinhiber les candidats à l'entrepreneuriat.

Créer son entreprise en 3 clics, avec le statut d'autoentrepreneur est désormais possible. Devenir patron en 10 minutes, sans accompagnement, sans étude de marché, ni suivi et par conséquent sans calcul réel du risque ni mise en place d'objectif est facile. C'est donc sur ces deux derniers points que le statut effraie. La communication associée au lancement de cette politique a été certainement contre-productive et peu adaptée. Elle a principalement consisté à faire croire aux gens que n'importe qui pouvait devenir chef d'entreprise et que cela ne nécessitait pas de réflexion particulière. Concrètement lancez-vous, on verra après ! Au risque d'envoyer beaucoup d'individus dans le mur et encore une fois souvent les plus fragiles. Ceux pour qui la création d'entreprise apparaissait comme le seul moyen de réintégrer ou d'intégrer le monde du travail.

Dans notre pays, la complexité de la procédure de création d'entreprise a souvent été pointée du doigt. Elle est pour beaucoup perçue comme un frein au développement économique. Mais elle avait également un certain nombre de vertus à mon sens dont la première, était de servir de garde-fou, de filtre à l'entrée. Un individu incapable de créer son entreprise, du simple fait de la « complexité » administrative, se serait avéré sans aucun doute, incapable de la gérer au quotidien.

Les procédures de création permettaient jusqu'alors, aux porteurs de projets de mûrir leurs idées, de se faire accompagner et de prendre le temps de la réflexion.

Alors, est-ce un bien de permettre aux individus de créer une entreprise sur un coup de tête en 10 minutes ?

Tout dépend de l'espoir que représente ce projet aux yeux de l'individu. Si ce projet, ressort d'une volonté affichée de tester un marché, de mettre en place un complément de salaire et donc de diminuer le risque lié à la création d'entreprise, cela ne pose pas réellement de problème au contraire. Le statut permet alors de donner naissance à des initiatives qui n'auraient peut-être jamais vu le jour.

Si par contre, ce statut est perçu comme la seule solution pour l'individu de retrouver un emploi, et le prive de tout accompagnement, alors le risque est grand. Il y a bien entendu des réussites. Mais quelle est notre responsabilité vis à vis de cette population fragile ? celle de la protéger et de l'accompagner, de ne pas lui donner de faux espoirs, au risque de la mettre dans des situations encore plus désespérées.

La création d'entreprise n'est pas la seule solution au problème de l'emploi en France, la croissance des entreprises existantes doit également être étudiée. Ces dernières sont souvent plus à même de créer de l'emploi.

Les chiffres de la création d'entreprise ne sont pas réellement des indicateurs du dynamisme économique d'un pays. Encore faut-il comprendre ces chiffres. Depuis l'apparition du statut d'autoentrepreneur, ces chiffres sont en constante progression et atteignent des records. Ce qui permet à bon nombre de personnes de faire des interprétations et analyses douteuses.

En effet, comment comparer les chiffres antérieurs à la mise en place du statut d'autoentrepreneur et les chiffres actuels ?

Ces fameux autoentrepreneurs peuvent-ils être réellement perçus comme des dirigeants d'entreprises ?

Une chose est sûre, c'est qu'un grand nombre d'entre eux ne développe pas leur activité et ne déclare même aucun revenu. Les raisons sont certainement diverses : le constat qu'on ne s'improvise pas chef d'entreprise, le travail au noir, ou le retour à un emploi salarié. Mais tout ceci aurait certainement pu être anticipé par les décideurs.

Le téléphone sonne et le devoir m'appelle :

- Bonjour, je souhaite créer une entreprise, mais je ne sais pas dans quel domaine. Vous pouvez me dire ce qui marche en ce moment, car pour s'inscrire comme autoentrepreneur sur internet ils demandent l'activité.

Je ne sais pas essayez « chercheur d'idée » !

L'année 2010 va être très longue et il va falloir faire preuve de pédagogie…

Je me pose alors la question de l'avenir lorsque les personnes qui proposent les lois et les votent sont aussi éloignées des réalités, et plus intéressées par la manipulation de l'opinion publique que par la pertinence de leurs actions. Il semble que le seul danger de la démocratie réside dans le manque de clairvoyance et de connaissances de certains politiques. Un stage en immersion dans le monde réel serait peut-être un bon moyen pour leur remettre les pieds sur terre.

La remise en question des règles, lois et pratiques ne constitue pas systématiquement une avancée sociale surtout lorsqu'elle aboutit à un enchevêtrement de textes contradictoires et incohérents, qui font la joie des avocats et autres juristes.

Réseau social et succes story

Internet et ses succes stories, Facebook, Google, e-bay laissent rêveurs bon nombre de porteurs de projets. Malgré l'éclatement de la bulle internet, le web reste un bon moyen de créer et de développer un business rapidement. Le nombre de projets dans ce secteur d'activité est donc mirobolant, la plupart des individus étant attirés par cette possibilité de faire de l'argent rapidement et facilement. Mais ce secteur d'activité ne déroge pas pour autant à certaines règles de base de l'entrepreneuriat et notamment au fait qu'il est nécessaire d'avoir une réelle vision stratégique, une capacité d'analyse et d'innovation importante afin de réussir. Ce qui n'est pas à la portée de tous.

Mademoiselle Silivin, mon rendez-vous de la journée a failli ne jamais arriver dans mon bureau. Elle s'est dans un premier temps, lors d'un entretien téléphonique, présentée comme la future fondatrice d'un réseau social français généraliste. Nous sommes en 2010, Facebook et Twitter sont en pleine essor et dévorent toutes les parts de marché. Alors, il est vrai qu'à l'énoncé de ce projet, a priori sans aucune valeur ajoutée, j'étais relativement sceptique.

Néanmoins, l'insistance de Madame Silivin a fini par me convaincre de lui accorder un rendez-vous. Après tout, sait-on jamais, certains détails du projet m'ont peut-être échappé.

La jeune femme qui entre dans mon bureau sort tout juste de l'école. Je lui donne 20 ans à peine, l'âge de Mark Zukerberg lorsqu'il a fondé Facebook. C'est peut-être un signe !

Le projet de Mademoiselle Silivin est simple et aurait été révolutionnaire il y a 10 ans. Mais en 2010, il s'agit bel et bien d'un Facebook « made in France » sans aucune distinction, innovation, et donc sans aucun intérêt.

Au fil de la discussion, je m'aperçois que cette jeune fille est totalement en dehors des réalités. Ses connaissances techniques, d'internet et même sa vision stratégique sont inexistants. Son projet consiste à créer un réseau social pour échanger des informations, selon ses propres termes. Même en cas de succès du site internet, à priori voué à l'échec, cette dernière ne sait pas exactement comment elle va pouvoir faire du Chiffre d'Affaires. Elle n'a aucune idée précise du modèle économique, c'est à dire du moyen de remplir les caisses.

Mademoiselle Silivin est donc au stade de l'idée, ce que nous appelons dans notre jargon professionnel : « l'émergence[18] ». Aucune formalisation du projet et aucune réflexion précise quant à sa mise en place, son financement... Il est surtout important pour moi de faire comprendre à cette jeune femme la nécessité de creuser un peu, de développer ses idées et de se poser les bonnes questions.

- Vous ne disposez pas des connaissances et compétences informatiques. Comment allez-vous dans un premier temps vous y prendre pour développer le site internet ?

- J'ai un accord avec une entreprise du web afin de réaliser le site.

- Quel type d'accord ?

- J'ai signé un bon pour accord hier concernant la réalisation d'un site de réseau social d'un montant de 50 000 € tout compris, me précise-t-elle gaiement.

Les bras m'en tombent ! Cette jeune femme vient de s'endetter de 50 000 € avant même d'avoir pris le temps de la réflexion.

- Mais sur quel projet et quel cahier des charges avez-vous signé ce devis et en quel nom, puisque vous n'avez pas encore créée votre entreprise.

- C'est une entreprise que j'ai rencontré dans un salon professionnel qui m'a fait cette proposition. Elle a l'expérience des réseaux sociaux et connait les différentes fonctionnalités qu'il faut intégrer sur le site. Je leur fais confiance pour cette partie.

Quelle confiance effectivement !! Signer en nom propre pour 50000 €, la réalisation d'un site internet sans aucun cahier des charges. Le webmaster doit effectivement être aux anges. Cette jeune femme vient de se faire avoir en beauté. Je n'arrive pas à me remettre de cette crédulité. Je savais que certaines personnes étaient sans scrupules, mais je m'aperçois également que certaines victimes sont totalement dénuées de bon sens.

- Y a t-il moyen de revenir en arrière ? Vous rendez-vous compte que vous dépensez 50000 € sans aucune garantie du travail réalisé et sans aucun contrôle. D'ailleurs vous n'êtes même pas réellement en mesure de juger du travail et de la qualité du site internet puisque vous n'avez même pas encore réfléchi à sa mise en place. Je pense que vous avez cherché à bruler les étapes mais qu'il est encore temps de faire marche arrière.

- Mais je ne sais pas comment développer un site internet, il faut donc que je puisse trouver un prestataire.

- Il est effectivement important de vous entourer des compétences techniques, mais ce projet est le vôtre, il est donc essentiel d'en garder le contrôle et de réfléchir avant de prendre les décisions.

- Vous avez sans doute raison, c'était peut-être trop tôt pour la réalisation du site, réalise-t-elle.

- De plus, s'entourer c'est bien, mais bien s'entourer c'est mieux ! Et permettez-moi de vous dire que je ne comprends pas comment cette entreprise a pu effectuer un devis de réalisation d'un site internet avec pour seule commande : réaliser un site communautaire !!

Et en fait, je ne comprends surtout pas comment Mlle Silivin a pu le signer. Les ravages du rêve internet et de la Silicon Vallée américaine. Madame Silivin, n'allait certainement pas devenir le nouveau Mark Zukerberg, mais était belle et bien devenue la « Siliconne » de la Vallée[19].

Après avoir rempli mon rôle d'assistante sociale ou plutôt de tuteur, puisque certaines personnes ne devraient pas être libres de s'autogérer, je mets un terme à ce rendez-vous qui encore une fois a été riche en enseignement.

La crédulité est une maladie, certaines personnes sont en phase terminale et trouveront toujours un bourreau pour abréger leurs souffrances ; et ces derniers sont sans scrupule. Ainsi va la nature humaine.

6 juin 2010, le jour sans fin

En poste depuis 5 ans maintenant, je m'attends à revivre un événement paranormal comme chaque année à la même date. La vie est un éternel recommencement. Cette expression commune semble avoir été écrite pour Monsieur Trusseau. Je le soupçonne d'ailleurs d'en avoir fait sa règle de vie. Ce sympathique Monsieur, qui doit certainement avoir quelques problèmes psychologiques devrait me téléphoner d'ici peu.

Tout a commencé 1 an plus tôt, jour pour jour, lorsque Charlotte m'a passé une communication du fameux Monsieur Truffeau qui souhaitait créer son entreprise d'aide à domicile et désirait simplement avoir quelques renseignements. Rien de bien étrange ni suspect à cette communication somme toute banale. Charlotte, en assistante consciencieuse, méthodiquement et selon notre procédure interne, classe alors la fiche contact récapitulative de l'entretien. Ces fiches nous permettent de garder une trace de l'ensemble des projets de création d'entreprise et ponctuellement de rendre des comptes à notre direction. Ce sont également de bons révélateurs de l'état du développement économique sur le territoire.

Ce 6 juin 2009, Charlotte fait une étrange découverte. Monsieur Trusseau avait téléphoné à la même date l'année précédent, pour un projet tout à fait différent. Suite à des investigations plus poussées dans nos archives recouvertes de poussière, nous nous apercevons que Monsieur Trusseau appelle tous les ans le 6 juin afin de prendre les mêmes renseignements, mais avec un projet de création d'entreprise différent.

Le 6 juin étant le jour de l'année où Monsieur Trusseau se consacre à la création d'entreprise, j'en viens à me demander ce qu'il fait des 364 autres jours de l'année. J'espère que la toilette, le rasage et le brossage de dents sont plus récurrents.

Les hypothèses les plus folles me traversent l'esprit. Notre ami ne serait-il pas en train de vivre un phénomène paranormal semblable à Bill Murray dans « Un jour sans fin ». Film dans lequel, ce pauvre Bill revit sans cesse le même jour de l'année.

Monsieur Trusseau est peut-être au cours des années devenu une véritable légende urbaine. Personne ne l'a jamais vu, mais ce nom rôde certainement dans les couloirs des différentes structures et organismes publics. D'autres professionnels attendent peut-être, tout comme moi, le coup de téléphone annuel de Monsieur Trusseau. Ou suis-je peut être l'élu, l'unique victime de ses folies passagères.

Le mystère reste à ce jour entier, mais je ne désespère pas de le percer à jour.

9h30 réglé comme une horloge, monsieur Trusseau me téléphone. Le projet de création de cette année est cette fois un magasin Bio. L'année 2010 sera donc l'année du Bio, ainsi l'avait prédit mon baromètre des tendances économiques.

Le côté obscur de la force

Tout comme les porteurs de projets, les chefs d'entreprises en activité peuvent être catégorisés en trois familles : les passionnés, les dépités et les ambitieux.

Le passionné est un réel bourreau de travail. Son projet passe avant tout, même avant la vie de famille et il est guidé par une envie farouche de faire ce qui lui plait.

Le dépité est un déçu du monde du travail. Maintes fois évoqué précédemment, ce dernier est la cible idéale de la propagande en faveur de la création d'entreprises. Suite à son échec professionnel, et sa difficulté à trouver un emploi salarié, il pense que sa dernière chance de travailler est de créer sa propre entreprise.

L'ambitieux est de loin le plus instable. Il est guidé par la réussite professionnelle, qui généralement pour lui se concrétise par la réussite financière. Il souhaite la reconnaissance sociale, souvent, à n'importe quel prix.

Philippe que j'accompagne depuis 2 ans maintenant fait partie de cette dernière catégorie. Un ambitieux individualiste, la catégorie la plus dangereuse et extrêmement nuisible. Il a été relativement facile de le démasquer, de par sa vision de l'entreprise et du monde qui l'entoure. La satisfaction de ses clients et le respect des contrats n'ont que peu d'importance pour lui, de même que la déontologie. Il est chef d'entreprise simplement pour gagner de l'argent au détriment des autres et rouler en BMW au plus vite. Mégalomane et menteur comme j'en ai rarement vu, il inspire la méfiance dans un premier temps et le mépris dans un second.

Commercial de métier, la trentaine, beau gosse, selon ses propres dires Philippe est le stéréotype même de ce que je ne supporte pas chez un individu quel qu'il soit, et que je dois néanmoins supporter au travail.

De tous ses traits de caractère, je pense que c'est son côté « grande gueule » qui me fatigue le plus.

Philippe comme tout mégalomane pense que tout lui est dû et qu'il est le centre du monde. Il a bien entendu une exigence envers les autres qu'il n'a pas envers lui-même. Sa petite personne avant tout. S'il doit marcher sur les autres pour réussir il prendra bien soin de ne pas salir ses pompes.

Ces méthodes plus que critiquables lui ont néanmoins permis de connaître une réussite fulgurante. Son entreprise de conseil immobilier compte 10 salariés en moins de 2 ans d'activité et a une rentabilité record.

Cet autodidacte, a cependant de grosses lacunes en management, ainsi qu'une connaissance de la gestion administrative et de l'organisation proche de zéro. Pour une entreprise de 10 salariés uniquement composée de commerciaux, je ne cesse d'attirer son attention sur la nécessité de réagir et de s'entourer de personnes compétentes en la matière. Mais pour lui, un commercial rapporte de l'argent, pas un administratif.

Le turn-over au sein de l'entreprise est surréaliste et reste un magnifique indicateur de la gestion catastrophique des Ressources Humaines. De passage dans l'entreprise de façon régulière, je ne me fatigue même plus à apprendre les prénoms des nouveaux arrivants, sachant pertinemment qu'ils ne seront plus présents lors de ma prochaine visite. Compte tenu du nombre de convocations au Tribunal des Prudhommes, je peux imaginer les fortunes que doit dépenser Philippe en frais d'avocat et dont il ne fait pas réellement de mystère.

Mon dernier rendez-vous avec lui sur sa stratégie et ses objectifs est de trop. Celui-ci refuse, depuis plusieurs mois, de payer le dernier salaire d'un de ses employés qu'il a licencié, soi-disant par manque de moyen et de trésorerie. Notre ami s'est néanmoins offert via l'entreprise la dernière BMW sport de frimeur, indispensable dans sa « panoplie de m'as tu vu professionnel ». Il a donc, selon ses propres critères réussi sa vie. Il se moque éperdument de ses salariés au même titre que ses clients qui ne sont ni plus ni moins que des vaches à lait.

Il s'est avéré que le salarié licencié avait en fait démissionné, insatisfait de la gestion de l'entreprise et demandait simplement son solde de tout compte. Ce détail m'a été communiqué par un membre de l'équipe de Philippe, qui ne semblait pas vouloir faire de vieux os non plus. Petit mensonge de plus, à l'actif de ce chef d'entreprise coutumier du fait, petit détail que je fais mine d'ignorer, afin de contempler la mythomanie de prêt.

Je m'attends à ce que Philippe file à un moment ou un autre avec la caisse, et je ne peux déontologiquement pas continuer à accompagner cet individu néfaste et sans réel projet d'entreprise autre que celui « gagner de l'argent sur le dos des employés et des clients ». Une entreprise doit fournir un service ou une prestation à des clients et faire travailler correctement et décemment ses salariés. Sans tomber dans l'idéalisme de mon début de carrière, j'estime que certaines règles doivent être respectées afin que le monde tourne rond. Et je ne suis surtout pas capable d'aller à l'encontre de certains principes. Même si mon rôle de conseiller n'est surtout pas de m'immiscer dans la gestion et la prise de décision des entreprises, je me dois de réagir.

J'ai donc décidé de mettre un terme à mon accompagnement qui, de toute manière, est inutile, Philippe faisant systématiquement l'inverse de ce que je préconise. Il tire des conclusions contradictoires guidées par le côté obscur de la force, tel Dark Vador dans Star Wars, ou par sa stupidité, la plupart du temps par un savant mélange des deux.

Après une vive altercation verbale ayant abouti sur un recensement de l'ensemble des noms d'oiseaux du territoire français, mon manque de professionnalisme est pointé du doigt par Philippe. Je suis contraint de rappeler à mon interlocuteur, quelques règles déontologiques, et éthiques de base pour vivre en société. Je reste, selon lui, fautif et ne comprends rien au business.

La conversation n'ayant malheureusement aucun intérêt et atteignant mon seuil de tolérance pourtant très haut, je décide d'en rester là. Non sans lâcher malencontreusement un « sale con » incontrôlable et largement mérité.

Certains individus sont donc nuisibles et il n'y a pas réellement de justice. Son entreprise est toujours en pleine croissance après 5 ans d'activité, au grand dam de ses clients et de ses salariés, destinés à devenir ses victimes.

Il existe des personnes dangereuses pour la société, prêtes à tout pour s'assurer une réussite professionnelle et financière au détriment de ceux qui les entourent, en marge de toute éthique et toute moralité. Il vaut mieux les éviter.

Tout comme dans la vie privée, la confiance doit donc faire partie intégrante des relations de travail. Il est totalement improductif d'accompagner quelqu'un avec qui vous ne partagez pas un minimum de valeurs. Ma collaboration avec lui était vouée à l'échec dès le départ, je le savais et j'aurais dû m'abstenir. Mais Philippe n'est peut-être que le reflet poussé à son paroxysme de la société actuelle. Le côté obscur de l'entrepreneuriat qui est nécessaire pour se rendre compte de la bonté de certains chefs d'entreprises. Il faut des mauvais pour mettre en valeur les bons. La fameuse théorie chinoise du Yin et du Yang, est peut-être le seul argument justifiant la présence de Philippe sur notre planète.

SNCF tout est possible

Après une semaine à représenter ma structure au sein d'un salon technologique à Nantes me voici sur le chemin du retour. Ces quelques jours de déplacement ont été bien éprouvants. Beaucoup de rencontres, mais surtout, un brouhaha permanent et une luminosité à l'intérieur de ces immenses halls qui fatiguent l'organisme.

Mon retour par le train est prévu à 18h gare de Nantes, mais les intempéries et la neige abondante, dont la région est peu coutumière, tombée depuis 3 jours me laissent craindre des perturbations SNCF importantes. Je prends donc la décision de quitter le salon plus tôt afin d'être sûr de regagner Paris dans la soirée. J'arrive à la gare à 16h. Cette dernière est littéralement bondée et les panneaux d'affichage clignotent dans tous les sens en indiquant les retards et les annulations. J'entreprends néanmoins de modifier mon billet de train afin de prendre celui de 17h encore programmé.

Mon interlocuteur, conseiller SNCF, est peu souriant, certainement du fait des perturbations et du manque de diplomatie des usagers mécontents. Ayant moi-même exercé cette tâche ingrate d'accueil de la clientèle, je ne lui en tiens pas rigueur.

- Bonjour, je souhaite savoir s'il est possible de modifier mon billet de train. Ce dernier est initialement prévu pour un départ à 18h, or je souhaiterais prendre le train de 17h.

- C'est effectivement possible, mais sachez que tous les trains ont du retard, en moyenne 1h. De plus, cette modification vous coutera 25 €, me précise-t-il.

- Mais je ne comprends pas ! Cette modification est payante.

- Oui, ce sont les frais de modification de billet.

- Avec les retards dus aux intempéries, vous faites payer les modifications de billets ? alors que vous n'êtes pas en mesure d'assurer votre service et l'horaire des trains.

-    Oui Monsieur. Et je vous signale qu'il neige sur la tête de tout le monde.

Cette phrase sortie de nulle part et sans intérêt me conforte dans l'idée qu'il n'est pas utile de continuer plus loin cette conversation. Je tente néanmoins une dernière fois de faire prendre conscience à mon interlocuteur du ridicule de la situation.

-    Pour résumer, vous me dites que pour modifier mon heure de départ de 18h à 17h cela coûte 25 €. Et qu'en moyenne les trains ont une heure de retard. J'en déduis que si je veux partir à l'heure initialement prévue, soit 18h, je dois prendre le billet de train de 17h. Si je ne paie pas ces 25 €, je partirai avec le train de 18h mais qui partira en fait à 19h. C'est bien ça.

-    Effectivement. Alors c'est oui ou c'est non ?

Je suis alors pris d'un rire nerveux, en partie dû aux quelques coupes de champagne ingurgitées pour fêter la fin du salon, qui m'aident à relativiser cette situation grotesque.

-    Donc vous êtes en train de me demander 25 € supplémentaire pour m'assurer un service que j'ai déjà payé, c'est à dire un départ à 18h. Personnellement j'appelle ceci du racket.

La notion de service client n'a visiblement pas cours non plus au sein de la SNCF. C'est certainement une des explications pour lesquelles, nous sommes des « usagers » de la SNCF et non des « clients ». Ce qui justifie peut-être également les tarifs exorbitants. Un usager doit sûrement payer plus cher qu'un client, d'autant plus lorsqu'il a plus de 25 ans, moins de 50 et qu'il travaille. Autrement dit lorsqu'il n'a aucune réduction.

J'en arrive à penser qu'en cas d'intempéries, la Direction de la SNCF doit se frotter les mains., puisqu'en plus de la diminution du nombre de train et donc de ses frais fixes, elle doit augmenter ses revenus de manière substantielle, entre les modifications de billets, les trajets de dernière minute et les consommations du bar TGV, pris d'assaut par les voyageurs affamés après 4h d'attentes.

Alors la SNCF elle dit merci à la neige !!

80

Et moi, je m'aperçois petit à petit, que les problèmes d'organisation, de respect du client et de qualité de service a largement dépassé les frontières des administrations françaises. Me vient alors à l'esprit une phrase répétée au sujet de l'administration par un chef d'entreprise que j'accompagne : « si on traitait nos clients, comme l'administration traite ses usagers, il y a longtemps qu'on aurait mis la clé sous la porte ».

La sagesse me gagne, je relativise l'ensemble des difficultés rencontrées dans mon quotidien professionnel. Un proverbe japonais, tout à fait adapté me revient également en mémoire : « Apprend la sagesse par la sottise des autres ».

Je décide néanmoins, à l'avenir, de limiter mes déplacements en transport en commun de peur de devenir trop « sage », et avant que des idées de retraite en ermite dans le Jura me viennent à l'esprit. Comme on dit « autant ne pas tenter le diable ».

Plutôt que de me « faire préférer le train », mes différentes expériences me font choisir ma voiture au détriment de mon penchant naturel pour l'écologique et le développement durable.

Les usines à gaz[20]

L'emploi reste, à juste titre, la priorité des politiques publiques. L'Etat dispose d'un certain nombre d'outils, d'organismes et de partenaires afin de mettre en œuvre ses politiques.

Les Maisons de l'Emploi et de la Formation, mises en place en 2005, ont été initiées dans le but de coordonner les actions en faveur de l'emploi et de la formation. Afin de rendre plus lisible les différents dispositifs, coordonner les multiples acteurs, il paraissait opportun d'en créer un nouveau. Combattre la complexité, n'est pas chose simple. Et la réponse apportée, a au fil du temps contribué au manque de lisibilité pour les principaux intéressés : les demandeurs d'emplois.

Non satisfaites d'intervenir auprès des demandeurs d'emplois et de rendre plus efficaces les dispositifs existants, certaines Maisons de l'Emploi ont souhaité intégrer en leur sein des dispositifs d'accompagnement à l'entrepreneuriat. Les multiples organismes intervenant dans ce domaine auraient certainement mérité d'être renforcés et confortés dans leurs rôle afin d'optimiser leurs actions. Mais la stratégie de diversification de l'offre de services des Maisons de l'Emploi est dictée par le marché de l'Emploi et les subventions qui en découlent, et non par la rationalisation du système déjà en place.

La propagande en faveur de la création d'entreprises est le maître mot de la politique de cette structure, quitte à déformer ou enjoliver la réalité. La raison de ce discours est principalement le fait qu'un individu éloigné du marché du travail peut, de par un projet de création d'entreprise, retrouver confiance et ainsi réintégrer le clan des travailleurs. Ceci est bien entendu louable, mais équivaut souvent à des objectifs professionnels trop ambitieux pour ce public en difficulté.

J'ai aujourd'hui rendez-vous avec Kevin, digne représentant de cet accompagnement idéologique.

82

Je l'ai entendu arriver de l'autre bout du couloir. Son téléphone portable propulsant une musique inaudible faisant trembler les cloisons en carton-pâte de nos locaux. Evidemment, il est de nos jours coutumier de faire profiter l'ensemble de la planète de ses goûts musicaux. Les écouteurs, jadis très utilisés sont désormais passés de mode. Cela dénote encore une fois un civisme et un respect des autres peu développé. J'entends alors résonner des paroles profondes "je n'ai pas besoin d'un psychiatre mais d'un psy-huit...lalala.....lala ...". Ce texte sur un rythme de rap, démontre un sens inné de l'auteur pour la rhétorique et une profondeur d'esprit abyssale.

Je me rends rapidement compte que Kevin a bien été lobotomisé par mes prescripteurs. Ce jeune homme de 22 ans, qui se présente en jogging semble peu diplomate.

Il souhaite revendre des voitures d'occasion sur internet. Voitures qu'il aura au préalable achetées à des particuliers et sur lesquelles il compte faire une plus-value.

Je présente à Kevin ma mission ainsi que les conditions d'accès à mes prestations. Sa première réaction fut sèche et franche :

- Monsieur t'es trop cher, t'es fou ou quoi !!

Sachant que mes prestations sont en deçà des prix pratiqués, je suis surpris et tente une explication.

- Mais sachez que si vous souhaitez bénéficier de conseils vous ne trouverez pas moins cher. Et l'accompagnement est un gage de réussite dans votre projet.

- C'est du racket Monsieur, tu t' rends pas compte !! Si je veux me mettre à mon compte c'est pas pour payer de l'argent à des gars comme « oit » [21].

Cette phrase sonne comme un couplet de groupe de rap dont Kevin est à priori friand. La musique adoucit les mœurs parait-il !

Le ton très agressif de cette réplique me laisse sans voix, mais il s'agit visiblement de la façon naturelle de discuter de mon interlocuteur. Pour moi cela s'apparente davantage à une agression verbale qui semble pouvoir basculer dans l'agression physique à tout moment. De peur de me prendre un coup de tête, puisqu'il est évident que Kevin monte vite en régime, je ne pousse pas plus loin la conversation sur le coût de mes prestations. Je pourrais enchainer sur la fiscalité d'entreprise et les impôts qu'il devra payer, mais ne tentons pas le diable, il pourrait croire que je travaille au Fisc. Associations, Collectivités, FISC, URSSAF, répression des fraudes, police, ... Kevin ne fait certainement pas la différence et pourrait voir en moi un « suppôt» de l'Etat[22].

Kevin n'a pas conscience du fait qu'il devra « payer de l'argent » à un grand nombre d'organismes en se mettant à son compte. Nous appelons ceci des charges et des impôts. Des contraintes liées à la vie en société, qui régissent notre système économique et idéologique.

Mon rôle n'étant pas réellement l'accompagnement social, ni la formation, je ne souhaite pas entrer davantage dans les détails, lui expliquer le fonctionnement d'une entreprise, et lui exposer ses obligations. Je suis par contre étonné que ce travail pédagogique n'ait pas été réalisé par l'organisme qui accompagne Kevin dans son projet depuis plus de 6 mois maintenant. Son accompagnateur a certainement très bien rempli son rôle de publicité ambulante pour la création d'entreprise, mais envoie Kevin dans le mur.

J'en arrive à me poser la question de ce qui importe pour ces organismes. De toute évidence, un créateur d'entreprise est plus facilement valorisable qu'un demandeur d'emploi dans les statistiques et dans le bilan de fin d'année. Et de ces chiffres dépendent généralement les subventions. Une aberration de plus, qui ne fait que rendre encore plus inefficace notre système de retour à l'emploi.

Notre Kevin est bel et bien une des victimes de notre système pervers. Là où ce dernier devrait être pris en charge, formé, conseillé, et surtout éduqué, il n'est en réalité qu'envoyé dans un projet professionnel qui ne lui correspond absolument pas.

Sous couvert d'accompagnement vers l'insertion, c'est bien vers une voie de garage que Kevin se dirige au profit des chiffres de l'emploi. Car dans quelques mois, il sera chef d'entreprise et non plus chômeur.

En somme, les statistiques et les subventions ont eu raison de l'insertion.

Accompagnement douteux

Début d'après-midi studieux à effectuer les tâches administratives quotidiennes qui m'incombent, et qui n'ont pas d'autre intérêt que de faire passer le temps et de justifier certains emplois. Car force est de constater que certains postes ne trouvent leur justification qu'à travers la réalisation de procédures absurdes et inutile. Ces procédures ont en réalité une utilité sociale, un instrument de plus dans la lutte contre le chômage, où l'objectif reste d'occuper les gens et non de les rendre utiles et performants.

J'ai appris à ne plus me poser de question sur l'utilité de la plupart ces tâches administratives, mais reste tout de même relativement perspicace.

Un rendez-vous à l'improviste me coupe dans ma dynamique administrative. Deux individus souhaitent prendre des renseignements sur l'accompagnement que je suis en mesure de fournir. Ceci est l'occasion d'avoir un peu de contact humain et de prendre connaissance d'un nouveau projet de création. Je décide donc d'accorder un entretien à ces hommes, poussé en partie par mon aversion pour les tâches que j'étais en train d'effectuer.

- Les deux personnes qui se présentent à moi, sont en cours de création d'entreprise. Leur activité est la commercialisation et l'installation de matériel de sécurité (alarmes, vidéo-surveillance...). Le premier individu, une cinquantaine d'année se présente comme conseiller et « parrain » du second qui du haut de ses vingt-cinq ans semble moins expérimenté et beaucoup plus timide.

- Salut, Euhh...je passais avec Alain et je me suis dit que c'était l'occaz de te voir et de « prende » des infos pour de l'aide. T'as pas une plaquette de présentation ? Je veux pas t'enmerder trop longtemps.

Cette phrase lancée par le conseiller/parrain, que je connais depuis 2 minutes, me permet une nouvelle fois de constater que certaines personnes sont incapables d'adapter leur discours et leur vocabulaire à une situation donnée. Nous sommes tous ses amis et dans 30 secondes il me tapera dans le dos en me proposant une bière.

- En fait, j'fais parti de l'asso d'aide à la création d'entreprises du coin. Tu connais non ? Je suis conseiller en création d'entreprise comme toi quoi ! Et le p'tit gars il veut monter sa boite. Alors comme il m'a demandé un coup de main, je vais prendre des parts dans la boite et comme j'ai de l'expérience, je vais développer.

Le « p'tit gars » en question, après 5 minutes d'entretien, n'a pas ouvert la bouche et est en retrait de la conversation. Il s'avère incapable de répondre à la moindre de mes questions sur les statuts, l'aspect financier et l'organisation de la future entreprise.

Quant à la personne qui se présente comme conseiller en création et en développement, ce n'est ni plus ni moins qu'un prétendu bénévole, qui a flairé le bon filon. Cet individu n'a rien d'un véritable professionnel et n'a surtout pas la conscience professionnelle ni l'éthique qui vont avec. Bonjour la déontologie, sollicité en tant que bénévole, faisant partie d'une association censée venir en aide aux jeunes créateurs d'entreprises, il en a profité pour prendre des parts en échange de pseudo conseils. On frise l'escroquerie ou du moins l'abus de faiblesse.

J'avais déjà, par le passé, eu à faire à cette association. Mes premiers contacts n'avaient guère été plus rassurants. Certains « bénévoles » étaient prestataires de services, ils profitaient largement de cette association pour développer leur activité et trouver des clients sous couvert d'aide à la création d'entreprises. La notion de « Sans but lucratif » propre à toute association soumise à la loi 1901, échappait donc largement aux membres, qui voyaient en leur « bénévolat » un réel outil commercial à peine dissimulé, voir même revendiqué.

La seule chose à faire, à l'exposé de ce projet bancal, serait de réorienter le « p'tit gars » vers un véritable accompagnement impartial, et de lui expliquer que son soi-disant conseiller en création n'a certainement pas de bonnes intentions. Mais pour un premier rendez-vous, à l'improviste de surcroît, c'est peut-être un peu violent.

Après avoir expliqué mon rôle et les conditions d'accès aux aides que je propose et qui sont connues et reconnues de n'importe quel conseiller ou professionnel de la création d'entreprise qui se respecte, je laisse mes coordonnées aux deux associés en leurs demandant de me recontacter en cas de besoin.

J'espère au fond de moi, que le plus jeune ne sera pas dupe et prendra conscience de la situation. Mais je ne peux m'empêcher de penser, que même si je n'avais pas à interférer professionnellement, il aurait été de mon devoir de le mettre en garde. La gratuité et la gentillesse peut cacher de sombres intentions.

La chasse aux subventions

J'arrive en retard au travail, chose peu courante. La ponctualité est chez moi une deuxième nature, et il est rare de me prendre à défaut. Je fais partie des personnes qui préfèrent arriver 10 minutes en avance.

J'avais cependant besoin de voir en tête à tête ma conseillère bancaire personnelle. Titre ô combien usurpé, puisque depuis 2 ans qu'elle s'occupe de mon compte, je ne vois pas réellement ce qui légitime cet intitulé de « conseillère ». J'irai même plus loin, sa fonction s'apparente davantage à du développement commercial que du conseil. Je m'attends à ce qu'un jour ou l'autre elle me téléphone pour me vendre une voiture ou un abonnement télé.

Cette dernière avait encore une fois essayé de me soutirer de l'argent sans mon accord, en effectuant des retraits sur mon compte pour un service que je n'avais absolument pas commandé. Il était donc urgent de mettre les points sur les « i », et de lui expliquer que les sommes présentes sur mon compte m'appartenaient.

La gestion financière est importante aussi bien au niveau privé que professionnel. De plus, je me dois de montrer l'exemple aux chefs d'entreprises que j'accompagne, et à qui je rabats les oreilles de conseils en gestion et en rigueur financière. Déléguer des missions et la gestion financière ne sous-entend pas les délaisser. Il faut rester le patron et donc contrôler.

Par un pur hasard, j'ai aujourd'hui rendez-vous avec un chef d'entreprise qui est très au fait de la gestion financière et notamment de la recherche de financements publics. Tellement attaché à cette recherche active de financement que j'en arrive à me demander s'il est conscient qu'une entreprise doit gagner de l'argent et non pas uniquement dépenser des fonds publics.

Ce dernier est devenu au fil du temps un réel professionnel des demandes de subventions. Depuis maintenant 6 mois, il participe à tous les concours de création d'entreprises, de demandes de subventions publiques...et croyez-moi, il y en a beaucoup. Il dépose un nombre incalculable de dossiers de candidature, de prêts d'honneurs....

A tel point que l'essentiel de ses rentrées d'argent depuis la création de l'entreprise provient d'organismes d'état, de concours, ou apparentés.

Je me tue à lui expliquer que cette stratégie est non seulement risquée, mais ne peut être que temporaire, et que ces aides représentent plus un handicap qui l'éloigne de son objectif premier à savoir réaliser du Chiffre d'Affaires et pérenniser son activité.

Toutes les procédures associées à ces démarches de recherche de subventions, suivi administratif, justificatif de dépenses, bilan ... lui prennent énormément de temps. Le temps qu'il passe à gérer ces aides, il ne le passe pas à développer son affaire. Ceci est par conséquent loin d'être un bon calcul et une vision stratégique cohérente.

Mon rôle reste avant tout de faire en sorte que ce dernier prenne conscience des risques de sa stratégie. Chose que j'arrive à faire, depuis peu. Le problème à son niveau ne réside pas dans les questions qu'il se pose, mais davantage dans les réponses qu'il y apporte.

Ce dernier finit quand même par comprendre qu'il ne sauvera pas son entreprise par des subventions et aides publiques. C'est en me présentant sa nouvelle stratégie de développement que je m'aperçois qu'il n'a absolument pas intégré les règles de base de fonctionnement d'une entreprise : répondre à un besoin, vendre un produit et développer du Chiffre d'Affaires. Son nouvel objectif est simplement de faire appel à des financements privés à travers une levée de fonds. En somme remplacer les subventions et aides publiques qu'il a déjà écumées, par du financement privé en faisant miroiter du vent à de futurs investisseurs.

J'en arrive alors à me demander si je ne préférais pas la stratégie initiale. Totalement abasourdi par l'absurdité de ce raisonnement, je préfère rendre les armes et laisser ce chef d'entreprise à ses élucubrations. Cette expérience me confirme que chaque personne dispose de sa propre logique et de sa propre analyse des situations.

Le dirigeant en question ne trouvera évidemment aucun investisseur privé assez fou pour miser sur du vent et de belles paroles. Car contrairement aux entrepreneurs, les investisseurs ont une logique commune : rentabiliser leurs investissements à moindre risque.

Le nombrilisme à la française

Après de longs et pénibles mois de travail, me voilà sur le point de prendre des vacances bien méritées. Cette année afin de me permettre de déconnecter totalement, j'ai pris la décision de fuir à l'étranger. Pas de portable, pas d'internet et donc aucune possibilité d'être dérangé par mes obligations professionnelles, qui ne seront de fait plus des obligations.

J'ai, en effet, réalisé que des vacances sur le territoire français se transformait incontournablement en session de télétravail. Un petit coup d'œil innocent sur sa boite e-mail professionnelle, afin de ne pas laisser cette dernière déborder et je plonge automatiquement dans les tracas du boulot.

Un petit coup de téléphone de Charlotte qui a pour consigne d'appeler en cas de besoin, à tout moment, et je ne peux m'empêcher de poser les questions d'usage sur la situation au bureau. Comme pour me convaincre que je suis irremplaçable et indispensable au fonctionnement quotidien de la structure.

La vérité est tout autre, nul n'est irremplaçable et sans vous vos collègues se débrouillent comme ils peuvent. A force de vouloir tout gérer, tout le temps, on en arrive à déresponsabiliser les gens, qui se satisfont assez facilement de cette situation. Tout ceci est un comportement humain classique, dont le manager, en l'occurrence moi, est aussi responsable que le collaborateur.

Cette année cela ne sera donc pas le cas. En effet qui irait me chercher au fin fond de Madagascar, sans téléphone, ni internet. Une vraie coupure sans contrainte si ce n'est se tartiner de crème solaire et admirer un territoire somptueux.

Deux semaines qui m'ont coûté une petite fortune mais qui devraient me procurer un bien fou, physiquement et surtout psychologiquement.

Dès l'aéroport de Antananarivo, je suis directement plongé dans un autre monde. Les douaniers utilisent un dialecte local totalement inconnu en France et étrange, « la politesse ». Ainsi les « Bonjour » et « Merci » fusent le plus souvent accompagnés d'un sourire. Ce qui change des « Passeport », « retirer vos clés et portable » de la douane française, qui visiblement est convaincue que la fonction et leur pseudo pouvoir les autorisent à se passer de courtoisie.

Après quelques semaines au contact des populations locales, je constate que la réputation de râleurs, mal polis, et hautain des français n'est pas usurpée. J'en suis d'ailleurs le premier représentant, digne héritier de cette culture individualiste basée sur le mépris ou l'ignorance des autres.

De retour à la maison, après ce voyage magnifique, ma vision des choses et des gens a totalement changé. A 30 ans, je prends tout juste la pleine mesure de l'expression « les voyages forment la jeunesse ». Ils permettent vraisemblablement de relativiser les choses et de se recentrer sur l'essentiel.

Ce voyage a également engendré, chez moi, un esprit contestataire et critique important. Je m'aperçois que les français ne sont pas les plus forts, n'ont pas la science infuse et ont énormément de leçons à recevoir sur les relations humaines et le civisme.

Quoi qu'il en soit, personnellement ou professionnellement parlant, je prends conscience de l'intérêt de se remettre en question et de tirer des enseignements des initiatives ainsi que des modes de fonctionnement des autres pays.

Ce voyage a donc eu l'effet d'une renaissance pour moi. J'ai simplement l'impression qu'on vient de me retirer des œillères. Que les frontières de notre pays sont simplement physiques et non intellectuelles. Les idées et les initiatives n'en ont pas en réalité. La mondialisation intellectuelle est en cours.

Je lis, je m'informe et je me forme donc désormais à partir des bases de données internationales et des médias internationaux. Davantage d'ouverture d'esprit, d'idées, et par conséquent plus de pertinence dans mon accompagnement quotidien des chefs d'entreprises.

93

Mais je n'en oublie pas pour autant que les spécificités nationales et locales sont à prendre en considération. Notamment dans le domaine des affaires et de la création d'entreprises. La France n'a jamais réellement été un pays d'entrepreneurs. Même si 3 millions de français disent vouloir créer leurs entreprises, peu passent à l'acte. Tout simplement parce que l'idée même de la sécurité de l'emploi passe par un emploi salarié en CDI ou mieux encore par le fonctionnariat. Et oui, le simple fait de prendre des risques, caractéristique forte des entrepreneurs, rebute la plupart de nos compatriotes.

Nous ne sommes pas dans un pays de création d'entreprises, et cette dernière n'est pas non plus le moyen ultime de lutter contre le chômage. Avant de sensibiliser à l'entrepreneuriat, faut-il encore expliquer ce qu'est le quotidien d'un chef d'entreprise.

Trois millions de personnes souhaitent donc créer une entreprise, mais sans prendre de risque et en gagnant mieux leur vie. Utopie certaine car la création d'entreprise n'est pas la cagnotte du Loto.

Le rêve à la française n'a donc rien à voir avec le rêve américain, basé sur le fameux principe « tout le monde peut réussir à force de travail ». Notre aversion naturelle pour le risque, nous éloigne du dynamisme entrepreneurial d'Outre Atlantique. La France ne dispose pas d'un cadre sociologique ni administratif favorable comme aux Etats-Unis.

Il existe donc bien une spécificité française en matière d'initiative économique. Mais rien n'est immuable, les choses peuvent évoluer.

Quoi qu'il en soit, dès lundi je retourne au bureau et devrait troquer mon bermuda/tongs pour un costume tout ce qu'il y a de plus classique.

L'idée selon laquelle les préjugés et le chauvinisme sont les freins de l'intelligence restera certainement fortement ancrée en moi.

94

L'innovation créatrice de richesse

Monsieur Abassa est un chef d'entreprise overbooké : le stéréotype du business man. Son smartphone greffé à la main, il donne toujours l'impression d'être entre deux rendez-vous et en retard.

J'accompagne ce chef d'entreprise depuis maintenant 3 ans. Enfin, "accompagner" est un bien grand mot, puisque mon niveau de connaissance sur ses affaires est proche du néant. Tout semble confidentiel et je me contente de glaner de maigres informations auprès de ses 9 collaborateurs ou de constater des bouleversements d'organisation.

Mon rôle consiste à fournir quelques conseils généralistes en management ou à activer mon réseau afin de lui fournir des informations pertinentes qui je l'espère sont utiles.

Cette entreprise informatique est en phase de Recherche et Développement[23]. Elle crée et développe un logiciel de gestion automatisée des télécommunications. N'étant pas un expert en informatique, tout ce charabia technique que certains des ingénieurs sur-qualifiés de l'entreprise ont maintes fois tenté de m'expliquer, me dépasse totalement.

Ainsi, 6 ingénieurs informatiques travaillent sans relâche afin de mettre en place ce logiciel, que l'entreprise souhaite commercialiser courant d'année après donc 3 ans de travail. Enfin du moins c'est le discours de Monsieur Abassa, qui devait initialement lancer la commercialisation 2 ans plus tôt. Certaines contraintes techniques l'ont forcé à revoir son prévisionnel. Et ceci n'est pas sans incidence financière je présume. En effet, employer 6 ingénieurs et 3 administratifs pendant 3 ans, sans aucune recette, ne semble pas à la portée de toutes les entreprises et de toutes les bourses.

Malgré mes multiples échanges, impossible de retirer la moindre information financière ou organisationnelle et, de ce fait, de venir en aide à Monsieur Abassa. La situation de l'entreprise n'est pas sans poser certaines interrogations, y compris au sein de son équipe, qui ne comprend pas la stratégie adoptée et surtout comment est financé le projet.

Les rumeurs les plus folles hantent les couloirs de l'entreprise. Pour certain, Monsieur Abassa d'origine africaine, serait le fils d'un richissime homme d'affaire ou dignitaire africain. Ce fils de « bonne famille » par caprice et par peur de l'ennui, mettrait tout son cœur à dilapider la fortune familiale dans ce projet irréalisable et non viable financièrement.

Pour d'autre, l'argent proviendrait d'une cagnotte du Loto. Ce qui ne remet pas en cause les critiques quant à son utilisation absurde du magot.

Le fin mot de l'histoire, je l'ai eu alors qu'il était trop tard. Au moment ou ce qui devait arriver, arriva : l'entreprise était en liquidation judiciaire. Monsieur Abassa se trouvait dans une situation de détresse morale importante, avec des signes flagrants de début de dépression nerveuse. Il ne m'avait pas habitué à cela, s'attachant généralement à donner une image de businessman sûr de lui et légèrement inhumain, voir tyrannique avec ses équipes. Une machine à faire du fric, qui en somme, n'en faisait pas.

Monsieur Abassa, avait en fait, totalement auto-financé ce projet fou grâce à la revente d'une précédente affaire en Angleterre. Il avait en quelque sorte rejoué après une première réussite professionnelle. Mais cette fois, la fin était tout autre.

Il avait bel et bien dilapidé sa petite fortune sur un coup de tête, peut être boosté par sa première réussite dans les affaires et trop confiant en ses capacités.

Sans doute poussé par la culpabilité, à moins que ce soit du « je m'en foutisme », Monsieur Abassa a pris la fuite, en ce jour d'hiver 2010. Cela correspond peut-être à la version française de « la fuite du cerveau ». Du jour au lendemain, plus de trace de vie de ce serial entrepreneur peu scrupuleux.

A peine entré dans les bureaux, ce lundi matin pour mon rendez-vous trimestriel, je constate que quelque chose ne tourne pas rond. Mon sens aigu de l'observation a encore frappé. Effectivement, plus de mobilier, plus d'ordinateurs, à peine quelques papiers à en-têtes par terre, derniers vestiges d'une gloire jamais atteinte mais tant espérée. Et au centre de ce vaste espace vide, les 9 salariés, ou plutôt devrais-je dire néo-chômeurs, en plein désarroi.

Pris d'un élan humoristique incontrôlé, je lance un petit :

-   « Abassa alors, il s'est barré !! ».

Bien entendu, vu de la situation, cette petite touche d'humour a fait un énorme bide. Je me suis alors rendu compte qu'on ne pouvait pas rire de tout, avec n'importe qui.

L'innovation n'est donc pas systématiquement source de richesse. En Recherche et Développement, il est préférable de trouver un produit à commercialiser et à vendre. Dans d'autres circonstances, nous aurions accusé Monsieur Abassa d'avoir fui avec la caisse, mais en réalité celle-ci était vide depuis bien longtemps. Sa fuite est à mon sens, principalement dictée par le remord et la lâcheté. Certainement dos au mur depuis plusieurs mois, il avait caché la situation dramatique dans laquelle se trouvait son entreprise à tout le monde. Il n'est ni plus ni moins qu'une victime de son projet fou au même titre que ses employés. Mais il ne souhaitait visiblement pas en assumer les conséquences.

Malgré cette évasion peu glorieuse et valorisante, je ne peux cependant m'empêcher de plaindre ce pauvre homme. Ce dernier n'a certainement rien d'un chef d'entreprise sans scrupule, il est simplement humain. Ce départ dicté par la peur n'est certainement pas honorable ni responsable, mais j'arrive cependant à la comprendre sans pour autant l'excuser. Celui qui n'a jamais vécu ce type de situation, peut difficilement le juger.

Une création d'entreprise implique obligatoirement une prise de risque plus ou moins bien maîtrisée. Et ce risque peut engendrer de lourdes conséquences. Monsieur Abassa et ses employés en ont fait les frais.

Salon des entrepreneurs

7 heures du matin, je me lève difficilement de mon lit. La soirée a été difficile, et même très difficile. La faute à Baptiste un vieil ami de fac que je n'avais pas vu depuis des mois et qui a décidé de me rendre visite en plein milieu de semaine. Résultat, je me retrouve avec ce qu'il convient d'appeler une bonne « gueule de bois ».

Baptiste encore affalé dans mon canapé-lit, ronfle à en faire trembler le peu de neurones en activité dans ma boite crânienne.

J'aurais bien sûr mieux fait de prendre ma journée, puisque je me doutais de la tournure qu'allaient prendre les choses. Mais voilà, aujourd'hui a lieu la grande messe de la création et de l'accompagnement d'entreprise, le Salon National à Paris. Manifestation qui attire plus de 60000 visiteurs et professionnels dans de grands halls bruyants. Enfin bref, le rêve absolu pour soigner ma « gueule de bois ».

Je prends une douche, enfile mon costard, ingurgite un café et laisse Baptiste finir sa nuit dans les bras de Morphée, non sans jalousie. Je file au Salon en plein cœur de Paris, en tentant difficilement de conserver le café dans mon estomac.

Comme chaque année, je dispose d'un stand de présentation et passe mes journées à expliquer, réexpliquer mon rôle et à présenter mon offre de services. Les salons professionnels sont souvent de bons moyens pour se faire des contacts, développer le réseau et se tenir informé des dernières tendances et actions en matière de création d'entreprises.

De permanence sur notre stand en compagnie de ma collègue Sandra, au sommet de notre art, café à la main à observer les badauds, nous sommes interrompus par un visiteur. Ce dernier se présente poliment et entame une longue description de son projet et de l'objet de sa visite sur le salon.

Après 5 minutes à écouter notre interlocuteur, Sandra, avec un manque d'esprit d'équipe non dissimulé et portable à la main, lui coupe légèrement la parole :

- Excusez-moi, je dois décrocher c'est certainement important.

Elle se colle alors le portable à l'oreille et nous fausse compagnie en l'espace de quelques secondes. A peine le temps de murmurer un léger « Allo, j'écoute… ». Telle une traitresse, elle fuit la difficulté et me laisse face à mon destin, je ne peux qu'assumer seul la suite des évènements.

Car, je ne suis pas dupe, à aucun moment je n'ai entendu son téléphone portable sonner, s'allumer, ni même vibrer. Il s'agit bien d'un prétexte fourbe. Je ne lui en tiens cependant pas rigueur et rage simplement de ne pas en avoir eu l'idée avant elle.

Quoi qu'il en soit, et après une dizaine de minutes à bavarder et tenter de comprendre le projet de mon interlocuteur, je ne vois pas réellement quelle pourrait être sa demande ni mon rôle. Le projet est totalement éloigné de ma cible, de mes compétences et ses besoins ne correspondent pas non plus à mon offre de services.

- Donc maintenant que vous avez tous les éléments sur mon projet, en tant qu'Agence de l'Environnement quels sont les aides techniques et les partenariats que vous pouvez m'apporter ?

Cette phrase de conclusion de sa présentation, me permet de comprendre pourquoi je n'étais pas en mesure de déterminer où cette personne voulait en venir.

- Monsieur, je suis désolé de vous décevoir, mais l'Agence de l'Environnement est à l'emplacement E5 et vous êtes ici à l'emplacement E3.

- Mais c'est la personne du Conseil Régional qui m'a envoyé vers vous !

- Nous sommes tous les deux pris d'un fou rire devant ce quiproquo et nous nous quittons sur cette note d'humour :

- Vous êtes sûr de ne pas être de l'Agence de l'Environnement ? Parce que sinon, cela signifie que je vais être contraint de réexpliquer mon projet à quelqu'un d'autre.

- Certain, et ça vous aura permis de vous entrainer.

- Sinon, maintenant que vous connaissez le projet, vous ne voulez pas aller faire un résumé à votre collègue de l'Agence de l'Environnement.

- Non merci.

Moralité, avant d'engager une grande discussion avec un interlocuteur, il faut toujours s'assurer de son identité.

12 heures. L'heure du traditionnel cocktail a sonné. Véritable institution dans ce type de salon professionnel, ce passage obligé est le moment de rassembler l'ensemble de nos partenaires et clients potentiels. Il s'agit avant tout de serrer des mains et de discuter de tout et n'importe quoi sur un ton faussement décontracté. Je me plie à cet exercice de style sans trop de peine, même s'il est évident que je préférerais être au bord d'une piscine aux Antilles à siroter un punch.

Ce "moment fort" du salon comme l'appelle notre service communication a été organisé à grand renfort d'invitations gratuites aux différents partenaires. Son déroulement est simple et comporte un petit discours de notre Directeur suivi d'un cocktail dinatoire raffiné, le tout sur notre stand au beau milieu du Salon.

Une vieille dame visiblement fatiguée et peut être attirée par les coupes de champagne et petits fours s'approche doucement de moi et d'une voix douce me demande poliment :

- Monsieur, serait-il possible de m'asseoir un instant pour me reposer sur les fauteuils de votre stand. Je ne veux pas déranger votre cocktail il est peut-être privé ?

- Cela ne pose pas de problème Madame, je peux même vous apporter une coupe de champagne.

- Avec plaisir, vous êtes très gentil

Après tout, une coupe supplémentaire de champagne ne fera pas exploser le budget de la manifestation. Et je n'ai surtout pas envie de jouer les vigiles vis à vis d'une vieille dame qui m'a l'air bien sympathique et qui a eu la délicatesse de demander. La plupart des pique-assiettes, n'ont pas cette politesse.

J'amène donc la coupe de champagne et quelques petits fours à cette vieille dame.

Quelques minutes plus tard, cette dernière se lève et s'approche doucement de moi.

- Merci beaucoup pour votre gentillesse Monsieur.

- Je vous en prie

Son visage change alors d'expression pour se crisper littéralement. Le visage sympathique et posé se transforme en une fraction de seconde en une expression de fureur. La vielle dame laisse alors échapper en hurlant :

- MAIS DE TOUTE FACON, VOUS ETES CERTAINEMENT GRASSEMENT PAYE !!

Et elle disparait en un éclair, me laissant sans voix de même que les personnes ayant assisté à la scène.

J'ai alors l'impression d'avoir vécu en direct un événement paranormal. Une véritable transformation comparable au célèbre Docteur Jekill and Mister Hyde.

Il ne faut donc pas se fier aux apparences. Les pique-assiettes malpolis ont au moins la décence de ne pas vous sauter à la gorge lorsque vous leur apportez à manger.

Economie sociale et solidaire

Après le développement durable, qui fait depuis plusieurs années déjà partie intégrante des projets de création d'entreprises, lorsqu'il n'en est pas à l'origine, un autre élément a le vent en poupe : « l'Economie Sociale et Solidaire » (ESS pour les intimes). Très peu de personnes sont en réalité en mesure de définir précisément ce que regroupe cette notion et ce qu'elle représente. Pour m'y être intéressé en bon professionnel, et avoir assisté à de nombreuses réunions traitant de ce sujet, je suis désormais en mesure d'assurer qu'il doit exister à peu près autant de définitions que de « définisseurs ».

La plupart des réunions sur le sujet commencent d'ailleurs par « une tentative de définition de l'ESS » et se termine par une tentative de définition de l'ESS.

Nous pouvons cependant admettre que l'ESS regroupe en réalité l'ensemble des structures (entreprises, associations, syndicats...) fonctionnant sur le principe de l'égalité des personnes. Les notions de respect de l'individu et d'une économie plus juste sont donc au cœur de cette notion plutôt noble.

De nombreux porteurs de projet souhaitent désormais œuvrer pour une économie et un fonctionnement de la société harmonieux en intégrant cette notion d'Economie Sociale et Solidaire. Afin d'accompagner ces projets souvent atypiques, plusieurs structures ont vu le jour. Ces dernières ne mettent pas l'accent sur la rentabilité économique, mais d'avantage sur la plus-value humaine et environnementale, ainsi que sur une répartition plus juste des plus-values.

En professionnel de la création d'entreprise et de l'accompagnement, je suis perçu par les extrémiste ESS comme l'homme à abattre. Le petit soldat du capitalisme qui aide les méchants chefs d'entreprises « égoïstes » à faire du profit au détriment des salariés, des consommateurs et donc du monde tel qu'ils le perçoivent.

Je suis néanmoins invité au comité de pilotage de l'antenne d'accompagnement locale de l'ESS où sont présentés les différents projets en cours de développement. Ces réunions m'amusent en réalité énormément. Elles donnent généralement lieu à des échanges incongrus sur le rôle de l'Economie Sociale et Solidaire, la décadence du système capitaliste, la vie des « décroissants », le développement de l'économie verte ou encore l'utilité de l'échange intergénérationnel.

Le sujet du jour porte sur l'avenir de l'Economie Sociale et Solidaire. Les débats font rage, et sont enflammés, même si tous les participants, hormis moi, sont des partisans convaincus de l'ESS.

De mon côté, je fais profil bas de peur de me faire brûler au bucher et me contente d'écouter les spécialistes. De bons soldats au service d'une noble cause.

La tête dépassant à peine de la table de réunion, un homme barbu aux cheveux blancs touffus, vêtu d'un gilet tricoté en corde d'escalade prend la parole d'un air autoritaire. Tel le patriarche d'une tribu de chasseurs de mouche[24], ce dernier prend un air grave et solennel.

-       Le problème de cette société, c'est l'argent. Il est urgent de remédier à ceci. Le seul moyen pour ce faire est de démonétariser la société. C'est cela l'Economie Sociale et Solidaire : démonétariser notre économie.

Je suis, à ce moment-là totalement décontenancé à la limite de me laisser aller sur ma chaise en tentant de dissimuler un fou-rire que je sens monter et qui s'avérerait extrêmement gênant. Un bref regard autour de moi et je constate avec effarement les hochements de têtes de mes collègues en signe d'approbation.

Je pense alors avoir atterri dans la quatrième dimension. Où ai-je mis les pieds ? Quelle est cette secte étrange ?

La prochaine étape de cette aliénation collective consiste peut-être à prendre en otage l'immeuble de la Banque de France, afin de demander aux autorités de retirer l'ensemble de la monnaie en

103

circulation dans le pays. L'homme barbu est peut-être en réalité le Ben Ladden de l'ESS.

J'en ai déjà peut être trop vu, et ils vont certainement devoir m'éliminer afin d'éviter de laisser un témoin gênant.

Le temps s'est donc arrêté, de même que mon fou rire naissant, afin de laisser place à la stupéfaction. La bouche ouverte, les yeux globuleux, la bave commence tout juste à couler de ma bouche lorsque je suis sauvé par le gong. Fin de réunion, retour au monde réel. Je décide d'aller prendre un de mes 6 cafés quotidiens afin de me remettre de mes émotions.

Bien que plutôt favorable et ouvert au discours de l'ESS, je m'aperçois que je suis totalement opposé à toute forme d'extrémisme. C'était déjà le cas pour les extrémismes politique et religieux et cela semble une constante chez moi. Un peu de modération n'a jamais fait de mal à personne. Du Développement Durable pour l'environnement, de l'Economie Sociale et Solidaire pour l'aspect humain, d'accord. Mais je ne suis pas prêt à fabriquer mes vêtements, à marcher pieds nus et à vivre dans une cabane collective avec mes frères et sœurs hominidés.

Enfin bref, un bon hamburger, un tee-shirt chinois, et un tour en 4x4, ce n'est pas très bien, mais il n'y a pas de quoi fouetter un chat.

Quelques mois plus tard, je suis invité à découvrir un nouveau dispositif d'accompagnement en faveur de l'ESS. Les Collectivités Territoriales souhaitent effectivement surfer sur la dynamique et lancent des actions novatrices de sensibilisation, d'accompagnement et de financement.

Ainsi, une enveloppe financière globale de plusieurs centaines de milliers d'euros a été dédiée au financement des projets ESS, sur mon territoire.

A travers un appel à projet, un dossier de candidature et un passage devant un Comité de Sélection, des projets peuvent être financés à hauteur de 50 000 €. La première édition de ce dispositif est selon les propres dires des instigateurs un succès. Cette notion de succès est toute relative, et semble ne prendre en compte que le fait que la totalité des fonds a bel et bien été dilapidée. Le nombre de projets présentés a été très faible, de même que leur qualité.

En prenant en considération des critères objectifs d'appréciation tels que : le nombre d'emplois créés, la plus-value sociale, environnementale... il parait en réalité évident que cette initiative est un échec.

Les valeurs propres à l'ESS sont en réalité très proches des miennes. Mais, je ne peux qu'être écœuré par l'inutilité d'un tel dispositif. Je me bats chaque jour pour aider de jeunes entreprises, qui ont de grandes difficultés dans leurs premières années d'existence. Dans notre pays, beaucoup d'aides sont mobilisables lors de la création d'entreprise. Très peu sont destinées aux entreprises en développement alors qu'elles sont les plus à même de créer de l'emploi et des richesses.

Plutôt que d'aider ces entreprises, les pouvoirs publics préfèrent intervenir sur des secteurs d'activités leur permettant d'accroitre leur notoriété à travers une communication adéquate.

Toute action publique n'est désormais que communication. Cela s'est transformé au cours des dernières années en désinformation et en manipulation de l'opinion publique.

Ce dispositif d'aides financières à destination du secteur de l'ESS n'apportera en réalité aucune plus-value. Si ce n'est, quelques premières pages de journaux locaux. Et quant à moi, je continue à expliquer à mes jeunes chefs d'entreprises souhaitant embaucher ou se développer qu'aucun dispositif ne leur est destiné.

Le serial entrepreneur[25]

Les rendez-vous avec les porteurs de projet on généralement tendance à me rendre enthousiaste. Celui de ce matin est l'exception qui confirme la règle. Je connais, Monsieur Socrate depuis 4 ans déjà. Il est ce que nous appelons un serial entrepreneur, un individu obnubilé par la création d'entreprise et qui en a fait son activité professionnelle principale, avec plus ou moins de succès.

Je n'ai, depuis 4 ans, pu constater que les échecs, mais ne désespère pas d'être témoin de sa réussite future, partant du principe inéluctable que la persévérance paie.

Monsieur Socrate est plutôt jovial et attachant. Toujours poli, il a une personnalité atypique. C'est réellement un hyperactif cérébral, capable de passer d'une idée à une autre en quelque dixième de seconde sans réelle transition. Il est, par conséquent, assez difficile à suivre et une heure d'entretien se transforme rapidement en un défi intellectuel consistant à remettre les idées et les phrases dans le bon ordre.

J'en suis à mon douzième entretien avec cet individu, qui compte déjà 4 créations d'entreprises à son actif, dans des secteurs aussi variés que la santé, l'assurance, le développement commercial.

- Monsieur Socrate, nous nous connaissons depuis plusieurs années et vous me demandez des rendez-vous plusieurs fois par an pour m'exposer de nouveaux projets de création d'entreprises. J'ai l'impression que vous passez d'un projet à un autre sans jamais prendre le temps de les mener à bien.

- En fait, je suis un puits d'idées. J'ai 10 idées à la minute. Mon bureau, à la maison est rempli de projets : Business Plan, étude de Marché, Statuts…

Des dossiers complets, ou il ne reste plus qu'à déposer les statuts et lancer l'activité. Alors j'exploite mes ressources.

106

Cette explication, après des années reste surprenante. La fibre entrepreneuriale existe bien et elle semble être le moteur de Monsieur Socrate. Je me plains souvent de ne plus voir de réels entrepreneurs, capables de créer une entreprise par conviction et envie, et non par désespoir. Monsieur Socrate est un vrai phénomène, mais trop d'idées tuent les idées. Plutôt que de se consacrer à un projet et se fixer des objectifs, il crée une nouvelle entreprise au moindre problème ou contretemps. Ce qui est problématique lorsqu'on sait que gérer une entreprise, c'est souvent faire face aux problèmes. Un entrepreneur n'est par conséquent pas un chef d'entreprise. Monsieur Socrate aime avant tout l'idée de créer une entreprise, de monter le projet, de réfléchir à sa mise en œuvre mais est incapable de gérer. Il me l'a démontré depuis plusieurs années.

Monsieur Socrate me confirme néanmoins que son épanouissement professionnel et intellectuel réside dans la création d'entreprise.

Ce dernier semble donc heureux au milieu de ses cartons remplis d'idées et de projets. Peut-être dispose-t-il déjà, sans le savoir d'un futur succès à la « Facebook » dans ses dossiers. Mais même si c'est le cas, compte tenu de son état d'esprit, il est probable qu'il n'en récoltera jamais les bénéfices.

J'en arrive à me demander si je ne devrais pas lui proposer de l'aide lors d'une journée d'archivage, et jeter un œil de plus près à cette mine d'or. Mais cette idée absurde va au-delà du code éthique que je me suis fixé.

Les bénévoles de l'association locale d'aide à la création d'entreprises auraient certainement beaucoup moins de scrupules que moi.

Monsieur Mandin

Comme chaque matin j'arrive au bureau un peu en avance, en espérant pouvoir me livrer à mon rituel café/lecture de mails. Ce dernier revêt une importance particulière, à tel point que j'ai pour habitude de ne prendre aucun rendez-vous avant 9h30. Le temps pour moi d'être réellement opérationnel.

A peine sorti de ma voiture, qui a eu la gentillesse de m'amener au travail en mode pilotage automatique, je me fais alpaguer sur le parking par un homme qui souhaite m'entretenir d'un projet au plus vite.

Monsieur Mandin, s'était présenté à deux reprises à mon bureau sans rendez-vous et avait trouvé portes closes. C'est certainement pour cette raison, qu'il avait décidé de revenir aux aurores. Il aurait cependant été plus simple et conventionnel de prendre rendez-vous. Mais certaines personnes semblent avoir une aversion pour le savoir vivre, partant du principe que tout le monde est à leur disposition.

Quoi qu'il en soit, totalement pris au piège, je suis contraint de faire entrer Monsieur Mandin dans mon bureau. Ce dernier m'expose un projet ambitieux de création d'une franchise dans le domaine de la sécurité et surveillance de sites. L'entreprise est créée depuis 2 mois, et Monsieur Mandin recherche actuellement ses premiers clients.

- Quels sont vos objectifs de développement ?

- Je compte créer environ 120 emplois cette année à travers une vingtaine de franchises, me répond t-il sûr de lui.

- Pouvez-vous me préciser le montage juridique de l'entreprise et où vous en êtes par rapport à la mise en place des procédures de franchises ?

- Je m'occupe de l'entreprise, c'est une SARL.

- Vous avez donc des associés ?

- Non, en fait, l'entreprise est au nom de ma femme et de mon beau-frère. Moi, je suis au chômage pour continuer à toucher les Assedic.

- Je ne comprends pas ! En fait, vous n'avez aucune existence légale vis à vis de l'entreprise ?

- En fait je la gère, me lance-t-il échaudé par ma question.

- Techniquement peut-être, mais légalement vous n'êtes ni salarié, ni associé ?

- Oui, mais c'était pour toucher le chômage.

- En fait vous développez une entreprise qui n'est pas à vous pour continuer à toucher le chômage que vous auriez de toute manière continué à toucher.

Monsieur Mandin aurait gagné du temps, de l'énergie en prévenant le Pôle Emploi de son projet de création d'entreprise. Il aurait alors pu constater, que des dispositifs visant à maintenir les allocations chômage voire acquérir un capital initial pour son entreprise sont à disposition des postulants à l'entrepreneuriat. Au lieu de cela, il s'est livré à une tentative peu éclairée de manipulation ou contournement du système. Ce qui lui vaut désormais d'être un fantôme au sein de son propre projet de création d'entreprise.

Après une brève explication de cet état de fait, Monsieur Mandin est abasourdi.

- Je ne savais pas tout ça, me précise-t-il.

- Quelles initiatives avez-vous pris afin de créer votre entreprise ?

- Je n'ai contacté personne, je pensais que c'était la meilleure solution. Mon beau-frère était d'accord.

Monsieur Mandin, reprend néanmoins vite du poil de la bête.

109

- Bon ! enfin, ce n'est pas si grave, me rétorque-t-il nerveusement. J'ai mes Assedics et de toute manière, j'auto-finance tout et je reste le seul maître de mon entreprise.

- Si je peux me permettre, en fait, vous n'existez pas et ce n'est pas votre entreprise mais celle de votre femme et de votre beau-frère. Et c'est un peu embêtant quand même.

- De plus, j'attire votre attention sur le fait que votre projet semble un peu ambitieux : 120 emplois en 1 an, avec un montage de franchises, cela nécessite de la réflexion, de l'accompagnement juridique et du temps. Tout ceci combiné à un montage juridique suspect. Cela équivaut à tenter de construire un Building au milieu d'un marécage !

- Ne vous inquiétez pas pour ça, ce ne sont que des détails. Merci de m'avoir reçu, mais je vais me débrouiller seul finalement.

Il est vrai que ce Monsieur Mandin semble avoir de vraies dispositions au travail en solo. Après lui avoir donné mon avis, je ne vais pas me battre pour l'accompagner dans cette aventure qui ressemble bien à un naufrage programmé.

A chercher systématiquement à contourner les règles certaines personnes en oublient leur utilité.

Salon de la Micro-Entreprise

Encore un de ces salons annuels, durant lequel je vais devoir convaincre, informer et discuter avec des porteurs de projets en tout genre et de potentiels partenaires. Cet habit de commercial en puissance qui ne me plait pas réellement fait cependant partie du package du poste.

Ce n'est certes pas ma partie préférée, mais je me rassure en pensant aux milliers de commerciaux professionnels qui doivent rabâcher les mêmes arguments de vente afin de gagner leur vie.

Le Salon de la Micro-Entreprise, est beaucoup moins fréquenté que celui des entrepreneurs. Notre stand est de ce fait moins fourni et la lisibilité est moindre. Tout juste 4 mètres carrés avec une grande affiche, un comptoir qui à mon grand désespoir n'a pas de machine à expresso intégrée, et quelques plaquettes vantant les mérites de mon organisme d'accompagnement.

Après une heure de permanence, les allées désertes me laissent penser que la matinée va être longue. Lorsque, j'aperçois au loin un individu étrange déambulant de stand en stand. Par expérience, bon nombre de mes collègues exposants, prennent garde de ne pas croiser le regard de ce dernier. Ayant vraisemblablement classé cet individu d'office dans la catégorie des PSI (Personnes Sans Intérêt) : autrement dit les individus se présentant aux salons professionnels pour de sombres motifs. Nous classons de cette catégorie les opportunistes, les profiteurs, les mythomanes, les paranoïaques, les personnes en recherche d'affection et d'amis …

La classification de ce visiteur dans cette catégorie s'explique en partie par son look peu orthodoxe et discret : la soixantaine, le ton pâle, cheveux gris longs et gras, rachitique, manteau en cuir noir descendant aux chevilles et bottines à talonnettes. Je ne suis pas du genre à m'arrêter à ce genre de considérations et de jugements hâtifs, mais il faut admettre que notre homme aurait fait fuir un régiment de légionnaires. A première vue il était même difficile d'affirmer avec certitude s'il s'agissait d'un homme ou d'une femme. C'est d'ailleurs la question que je me pose au moment où par mégarde je croise son regard.

Une erreur de débutant, malgré mon expérience, qui va certainement me coûter la matinée. Cela dit, compte tenu du faible nombre de visiteurs cela aura sans aucun doute le mérite de m'occuper et de faire le plein d'anecdotes.

Monsieur Vagnier se présente donc à moi, ayant interprété mon regard pour une invitation à la discussion. Il prétend travailler pour la célèbre banque d'investissement Barclays en freelance et en charge des projets « spéciaux ».

Sa mission étant de déceler les projets à « gros » voire « énorme » potentiel. Après cette brève présentation de sa mission quelque peu floue, s'engage un monologue dont seuls les mythomanes ont le secret. Il me raconte son enfance, photo de la maison familiale en bord de mer à l'appui, me parle de son père chef d'entreprise, et de ses différentes expériences professionnelles toutes plus surprenantes les unes que les autres. Totalement visionnaire doué d'un don inné pour les affaires et artiste reconnu spécialiste de l'art moderne, notre ami est à l'origine, entre autre, des mini-jupes, du projet de grand Stade de France.... A lui seul il a fait gagner plus de 300 milliards à la Banque Barclays, qui lui fait une totale confiance sur tous les projets d'investissement qu'il leur soumet.

De par son parcours professionnel atypique, ses compétences financières, mais également artistique et entrepreneuriale, il est de loin la personne permettant à cette banque internationale de haut vol de rester incontournable dans le milieu des affaires. En effet, en 10 ans, Monsieur Vagnier a fait gagner 300 milliards d'euros à une banque qui réalise 60 milliards de Chiffres d'Affaires par an, soit la moitié de son Chiffre d'affaire annuel.

Je bois ses paroles, mais de peur de me noyer je souhaite mettre fin à cette conversation comique et irréaliste. Mon interlocuteur ayant le don de ne pas respirer entre chaque phrase, ni entre les mots qu'il prononce, il est difficile de le stopper. Je suis donc contraint de le laisser continuer ses élucubrations et de prier pour qu'il se fatigue. Quand enfin, la profonde inspiration de mon interlocuteur après 1h30 de monologue en apnée, me laisse espérer la fin de cette aventure.

- C'est un plaisir de discuter avec vous, me lance-t-il.

Ce à quoi je réponds poliment, mais très malhonnêtement avec un sourire soulagé que j'ai du mal à contenir :

- Je vous en prie, c'était très intéressant.

- Alors, si vous avez un projet d'envergure et besoin de fonds importants, j'entends par là quelques millions minimum, n'hésitez pas à me contacter. J'en ferai part directement aux plus hauts responsables de la Barclays.

Il me tend alors un morceau de papier avec son nom, son adresse et un numéro de portable, plié en deux et mal découpé. Le tout en noir et blanc, sans aucun logo sorti d'une photocopieuse bas de gamme, dont la cartouche d'encre avait visiblement dépassé la date de péremption. Ce morceau de papier fait à priori office de carte de visite et n'est pas sans me rappeler le projet bio-industriel suivi quelques années plus tôt. Visiblement les escrocs et les mythomanes ont les mêmes fournisseurs de cartes de visite.

La crise financière, les scandales en pagaille sont passés par là. Même les banques internationales, ne sont plus en mesure de fournir des cartes de visite dignes de ce nom. Le milieu bancaire est vraiment un monde sans pitié !

Cette conversation, inutile a bel et bien rempli ma matinée et m'a également permis, comme je l'espérais, de faire le plein d'anecdotes. Je décerne à ce moment-là, sans hésitation, ma palme du mythomane à Monsieur Vagnier. Ce n'est pas le premier que j'ai rencontré, mais peu avait atteint un tel niveau de persuasion et une telle absurdité dans les propos.

L'esprit commerçant

Nous pointons tous du doigt les excès de notre société de consommation, le gaspillage engendré par cette frénésie collective d'achat. La pression sociale nous incite à remplacer un matériel ou un article fonctionnant correctement, pour des raisons obscures telles que le design, le high-tech, la marque ou la tendance.

Cette société de consommation est entretenue par de fidèles soldats commerciaux et vendeurs qui disposent d'armes plus redoutables et efficaces chaque jour : le marketing, la communication, la publicité.

Je suis régulièrement harcelé par ces commerciaux et autres téléprospecteurs. La jeune femme qui, une fois n'est pas coutume, a réussi à déjouer le filtrage téléphonique de ma fidèle assistante semble très douée.

Le simple fait de réussir à tromper mon « pare feu » téléphonique est une performance en soi, tout comme réussir à développer un argumentaire commercial une fois démasquée. Mais je n'ai pas le cœur à couper ce monologue de manière impolie.

Sandra, de son doux prénom ou pseudonyme d'artiste de la téléprospection, cherche à entrer en contact avec les entreprises que j'accompagne, afin de leur vendre une prestation informatique. Rien de bien particulier, si ce n'est la méthode commerciale. Sandra m'explique en effet que c'est une chance unique qui m'est offerte de venir en aide aux entreprises en les mettant en relation avec elle. Car ces entreprises ont forcément des besoins informatiques qu'elle se fera une joie de combler.

J'ai simplement à lui fournir le listing et les coordonnées des dirigeants et le maximum d'informations pouvant lui être utiles, dans le cadre de sa démarche commerciale.

Après avoir patiemment écouté Sandra, je me permets de lui expliquer ma vision des choses. Je suis accompagnateur, et j'ai à ce titre une certaine déontologie. Celle-ci ne prévoit pas de fournir mes contacts à des fins commerciales à un organisme privé.

De plus, ce qu'elle me présentait comme « une chance unique de venir en aide aux entreprises que j'accompagne », m'apparait plutôt comme « une chance unique de me transformer en apporteur d'affaires bénévoles ».

Sandra fait alors mine de s'offusquer par un léger « ce n'est pas vraiment ça ! ». Puis, retombe très vite sur ces pieds en me proposant un pourcentage sur les éventuelles ventes qu'elle fera via ma mise en relation. Elle prend la peine de me préciser le montant de sa marge exorbitante.

Cette fois, je coupe court à la conversation précisant que s'il était hors de question de lui fournir mes contacts gratuitement par simple déontologie, il l'était encore davantage pour de l'argent. Je laisse donc passer ma chance, mais je ne peux m'empêcher de penser que cette méthode commerciale est peu glorieuse, mais s'avère certainement efficace. L'argent ayant la faculté à faire sauter le verrou de la moralité et de l'éthique.

Quoi qu'il en soit, Sandra est toujours restée cordiale et plutôt sympathique. Son argumentaire commercial, a certainement été élaboré de manière cohérente par des professionnels pour qui la psychologie et la nature humaine n'ont pas de secrets. Car l'art de vendre se base avant tout sur une connaissance accrue de l'être humain et de son mode de fonctionnement.

Cette capacité à vendre peut par conséquent être travaillée, mais elle peut également être innée …Ou pas !

Car j'ai souvent observé les faiblesses de certains chefs d'entreprises dans ce domaine.

Lors d'un séjour privé qui se voulait initialement sportif, j'ai fait la connaissance d'un étrange personnage, certainement issu d'une longue lignée d'australopithèque. Désespéré après une collision avec un autre planchiste, lors de ma première sortie, je constate les dégâts matériels. Un énorme renfoncement sur la planche met en péril mes vacances sportives tant attendues.

115

Je me mets alors en quête d'un réparateur providentiel, susceptible de me faire reprendre espoir. Plein de fougue, je franchis le seuil de la porte de Planches and Co, dont le slogan est je l'espère « Planche and Co, le réparateur qu'il vous faut ! »

- Bonjour, je souhaite savoir si vous faites des réparations de planches à voile ?

- Non, un bon planchiste sait réparer sa planche, me répond nerveusement mon interlocuteur derrière son comptoir. Avant de renchérir,

- La dernière fois que j'ai fait ça, je me suis fait traiter de voleur. C'est 3 heures de boulot et 120 €.

- Oui je me doute. Mais là, la réparation est trop importante pour l'effectuer moi-même. Vous connaissez un réparateur dans les environs.

- Personne ne vous le fera !, me réplique-t-il comme pour mettre fin à notre conversation qui visiblement l'agace.

La conclusion aurait certainement dû me revenir en lui lançant un « Planche and Co…ard, si t'as pas envie de travailler faut le dire, et le mauvais planchiste il t'em m… ». Mais ma bonne éducation m'interdit de tels propos.

Je suis outré par l'agressivité de mon interlocuteur, artisan commerçant de son Etat. Car_pour ma part, j'étais disposé à lui lâcher sans broncher les 120 € en question, compte tenu du travail que cette réparation nécessitait, et de ma volonté farouche de retourner dompter les vagues.

Certains individus ne sont pas fait pour être en contact avec un public et encore moins des clients. L'empathie ne fait pas partie de sa panoplie de vendeur et je me demande bien comment son commerce va évoluer avec une attitude aussi détestable. Je suis, il est vrai en vacances, mais une petite formation sur les techniques de vente lui aurait certainement été utile.

Le sens du commerce n'est donc pas inné, de même que l'amabilité qui généralement va de paire.

Finies les vacances sportives, je décide alors, résigné, de me rendre dans une librairie pour passer à des vacances littéraires. Monsieur « vendeur chez la Fnac » s'avère beaucoup plus aimable que Planche and Co. Le discours est plus lisse et moins spontané, mais beaucoup plus poli.

Le parcours idéal

L'entrepreneur, comme j'ai pu le constater tout au long de ma carrière est très loin d'être un individu rationnel. La première raison à cela est son appartenance au genre humain. Je me suis souvent amusé à imaginer quel serait le parcours type d'un entrepreneur modèle, Toute Chose Egale Par Ailleurs[26] (TCEPA), comme aiment à le préciser les économistes chevronnés. Le stéréotype du porteur de projet désireux de mener à bien son parcours de création d'entreprise en mobilisant l'ensemble des aides et organismes mis à sa disposition. Cet entrepreneur rationnel que nous pourrions baptiser Homo-Entrepreneurius (ou HE).

Ainsi HE, s'attaque au parcours de création d'entreprise plein d'entrain et convaincu que sa rationalité va lui permettre de maximiser sa satisfaction et ses chances de réussite.

1.   HE recherche les organismes qui peuvent lui venir en aide, en tenant compte des critères d'éligibilité et des spécificités de son projet.

2.   HE se dirige vers un organisme d'accompagnement : Boutique de gestion, Chambre de Commerce, Chambre des Métiers, Adie, Expert-Comptable, organismes privés, réseau EGEE, Maison de l'Emploi, Pôle Emploi…recherches internet, coups de téléphone lui permettent d 'accroitre sa connaissance sur le parcours idéal.

3.   HE réalise avec l'aide de son accompagnateur attitré, et sélectionné en fonction de critères objectifs, un Business Plan : Présentation de son parcours, de l'entreprise, une étude de marché, et un prévisionnel financier sur 3 ans. Il en profite pour déterminer la forme juridique de son entreprise : SA, SARL, EURL, SCOT, Autoentrepreneur, Entreprise Individuelle, SAS, SASU……et réalise le cas échéant les statuts.

4.   HE part à la recherche de financements : Adie, Plateforme d'Initiatives locales, Réseau Entreprendre, Prêt à la Création d'Entreprise, subvention OSEO, Aide aux Chômeurs

Créateurs et Repreneurs d'Entreprises (ACCRE), banques, Business Angels, organismes de Levée de Fonds…..

5.   HE en profite pour postuler et candidater à certaines aides et concours ponctuels : Prix de la création d'entreprises nationaux, régionaux, départementaux, de l'agglomération, de la commune, du pâté de maison et des divers organismes d'accompagnement cités plus haut, des chaines de télés et radios.

6.   HE mène à bien la procédure administrative auprès du Centre de Formalité des Entreprises.

7.   HE recherche du soutien dans le cadre du développement de son entreprise : Associations de chefs d'entreprises nationales, régionales, départementales, locales et sectorielles, voir discriminantes, Réseaux d'accompagnements privés, réseaux d'affaires, Experts comptables, Consultants, Cercles d'entraides, Business Angels ……

8.   HE est en activité et passe désormais son temps à rendre des comptes, à effectuer des rendez-vous, des réunions, à réaliser des bilans, et des diagnostics pour les différents organismes, publics, associatifs et privés qu'il a sollicités et qui l'ont accompagné.

HE se rend alors compte qu'il ne fait pas bon être rationnel dans un monde irrationnel : « le monde parallèle de la création d'entreprises ».

Lorsque la complexité et le manque de lisibilité deviennent à ce point contreproductifs, il lui parait sans aucun doute sensé de prendre quelques libertés.

L'entrepreneur tel que défini par l'économiste Schumpeter est « un homme dont les horizons économiques sont vastes et dont l'énergie est suffisante pour bousculer la propension à la routine et réaliser des innovations ».

L'entrepreneur français tel que je le perçois doit déborder d'énergie pour bousculer l'immobilisme et la complexité.

119

Le monde se porterait mieux si chacun se concentrait sur son cœur de métier. Et surtout si la folie créatrice cessait. Toujours réinventer ce qui existe semble une devise dans grand nombre de domaines d'activités. Pourquoi recréer l'existant sinon œuvrer pour la complexité. Le marché des « porteurs de projet » semble aussi étroit que celui des demandeurs d'emploi pour les multiples organismes qu'il fait vivre. L'offre n'est pas à la hauteur de la demande. Faute de postulants chefs d'entreprises chaque organisme intervenant amplifie son champ d'action afin de survivre dans cette jungle concurrentielle, au détriment de l'efficacité, créant par la même occasion, des rivalités.

Les emplois « fictifs » ou plutôt « improductifs » semblent être la règle. Je suis bien loin de mon idéal professionnel d'adolescent basé sur la valorisation du travail manuel. J'évolue désormais dans un univers professionnel hostile, dénué de sens et d'intérêt.

L'artisan n'a certes pas un bac plus cinq en économie mais est capable de contempler son mur en parpaings, son robinet ou sa tapisserie tout juste posée. Au moment où je valorise du vent, de la soi-disant matière grise tel un consultant ou un prof de philosophie. Comme le précisait très justement un des plus grands « penseurs » du siècle dernier à qui je voue un véritable culte Coluche : « C'est un mec qui nous vendait de l'intelligence, et il n'avait pas un échantillon sur lui ». J'en suis donc là.

120

Une grande réflexion nationale

En mars 2013, je reprends espoir. Une grande réflexion nationale sur la création d'entreprise et les dispositifs d'accompagnement est lancée. A l'initiative du Gouvernement et sous la houlette du Ministère du Redressement Productif, les Assise de l'entrepreneuriat visent à réunir l'ensemble des acteurs afin d'améliorer et coordonner les actions en faveur de la création d'entreprises.

Ainsi, pour la première fois une action concrète et globale va voir le jour. L'occasion m'étant offerte, comme à tout citoyen, de participer aux réflexions par le biais de contributions écrites qui doivent alimenter les débats, je ne peux passer à côté.

Fidèle à la ligne de conduite que je me suis fixée : « ne rien dire c'est cautionner », je prends ma plus belle plume pour faire part de mes remarques. J'éprouve néanmoins un certain scepticisme sur la finalité d'une réflexion menée avec l'ensemble des acteurs, partant du principe qu'aucun ne se tirera une balle dans le pied.

« L'entrepreneuriat se caractérise par la création d'entreprises, mais également par la capacité des entreprises existantes à innover et se développer.

Les Assises sur l'entrepreneuriat sont une première nationale et ont pour principal avantage de mettre autour d'une même table l'ensemble des acteurs intervenants sur la création et l'accompagnement des entreprises. Les constats et les propositions des différents rapports (Hayat et Mathot[27]) sont partagés par l'ensemble des acteurs terrain, notamment en ce qui concerne le manque de lisibilité de l'offre d'accompagnement (multiplicité des acteurs, des dispositifs, manque de coordination, d'efficacité…), que nous constatons chaque jour.

Des actions constructives verront je l'espère le jour afin de gagner en lisibilité, mais se heurteront certainement aux différents lobbyings des acteurs et dispositifs présents. Steve Job disait « Il plus est difficile de faire simple que de faire compliqué » et plus encore de simplifier la complexité que connaît cet écosystème.

Outre les futurs créateurs d'entreprises qui je l'espère bénéficieront d'une lisibilité plus grande, d'un portail unique, et d'une coordination des actions et des acteurs accrue, les entreprises déjà créées resteront encore une fois isolées, non accompagnées et sans solutions. Alimenter la « pompe » de la création d'entreprises n'a d'intérêt qu'en y associant une action à destination des entreprises en développement, qui elles aussi œuvrent pour l'esprit d'entreprendre et la notoriété de l'entrepreneuriat. Et, qui elles aussi sont les victimes, mais résignées, de la complexité de nos dispositifs.

Cette grande réflexion ne doit-elle pas prendre en considération le tissu économique national dans sa globalité ? Ainsi, ne serait-il pas pertinent de profiter de la présence de l'ensemble des acteurs de la création et de l'accompagnement pour programmer une action nationale auprès des « entreprises employeuses et en croissance » ? Pouvoir leurs proposer des solutions adaptées, afin de les aider à franchir un stade d'évolution et de devenir des entreprises de croissance serait certainement un bon pas en avant pour l'économie nationale. Un signe fort, constructif et fédérateur autour d'une thématique prioritaire et pour une fois concertée.

Le Rapport Hayat préconise de « Se doter des outils pour repérer les entreprises de croissance dès leur naissance ». Ceci ne doit pas se faire sans se préoccuper des entreprises existantes, au risque d'une discrimination forte des actions entre les entreprises créées « post-Assises » et les autres.

Quel message est envoyé au tissu économique nationale en concentrant l'action sur les créateurs, alors même que bon nombre d'entreprises ne sont pas accompagnées ni aidées en phase critique ? »

Le plus beau métier du monde

Après tant de mésaventures, et de situations déroutantes, comment croire en mon métier et y trouver de la satisfaction. Certains verront dans ces expériences de vie, du ridicule, du pathétique, voire de l'aberration. C'est en réalité tout à la fois. Le monde n'est pas blanc ou noir, mais reste merveilleux.

En réalité, je suis totalement passionné par mon travail voire possédé. Encore plus qu'au premier jour. Je suis bien entendu passé par des phases de démotivation et me suis souvent posé la question de savoir quel était mon rôle, mon utilité à travers mon activité professionnelle.

La plus grande satisfaction reste la richesse des relations humaines qui découlent de mon travail. L'humain est à la base de tout. Mes expériences professionnelles, ne sont ni plus, ni moins qu'a l'image de la société et des individus qui la composent, avec leurs dose d'utopie, de croyance, de folie. J'ai appris à vivre avec et à tenir compte, aussi bien professionnellement que dans ma vie privée, du fait que chaque individu est unique, que je ne traitais pas des dossiers papier mais des êtres humains. J'accompagne des personnes et non des entreprises.

La création et la gestion d'entreprise ont tendance à exacerber les comportements et les passions pour la simple et bonne raison qu'elles s'apparentent à des situations extrêmes, stressantes et éprouvantes psychologiquement. Les enjeux en sont primordiaux, puisque de cette aventure dépend la satisfaction personnelle, l'estime de soi, la reconnaissance et bien souvent l'équilibre de la vie familiale et personnelle. J'interviens par conséquent à une période charnière de la vie d'un individu, ce qui nécessite un profond respect de la nature humaine mais également une bonne connaissance de ses travers. Connaissance qui se développe avec l'expérience. Ce qui me laisse penser que je m'améliore avec le temps.

Le souvenir des expériences marquantes et insolites est tenace, beaucoup plus que celui qui rythme la vie quotidienne et qui devient à terme routinier. Ces expériences banales, ont par conséquent été très peu évoquées. Mais elles sont en réalité au cœur de ma passion pour l'accompagnement des entrepreneurs. Je pense à ces dizaines de chefs d'entreprises, pugnaces, avides de s'épanouir dans leur travail, que j'accompagne chaque jour. Ces mêmes chefs d'entreprises qui se lèvent chaque matin avec la même motivation malgré le nombre incalculable et toujours plus important de problèmes et de contraintes.

Tous ces individus, pour qui j'ai pu jouer un rôle, à un moment ou à un autre sont ma vraie source de motivation. Quoi de plus satisfaisant que de s'apercevoir de l'influence positive de notre action dans la vie d'une personne ou d'une entreprise. Ma satisfaction est donc bel et bien ancrée dans le quotidien de mon activité professionnelle et cet ouvrage n'est par conséquent que le reflet peu objectif et surtout pas exhaustif du monde merveilleux de la création d'entreprise.

Les situations quotidiennes étant peu cocasses, il semblait moins divertissant de s'y attarder.

Le sens de la Vie

Ma femme vient de m'offrir le plus beau cadeau du monde. Je suis désormais père avec toutes les incidences que cela engendre au niveau personnel mais également professionnel. Outre les questions sur l'éducation et les valeurs que je dois désormais transmettre à ma descendance, c'est mon échelle des priorités qui est totalement remise en question.

« Etre c'est créer et non recevoir sa vie » à dit Milosz. Je « suis » donc désormais père et c'est là certainement le plus grand challenge de ma vie.

Je réponds aux mêmes règles d'évolution que le commun des mortels. Je ne suis pas meilleur ni moins bon qu'un autre. Etre dans la moyenne me convient toujours aussi bien. Profiter des instants présents est désormais une priorité. Car à regarder le futur on en oublie souvent la chance que l'on a, et le bonheur du présent.

Je suis donc humain, avec mes forces et mes faiblesses, et comme pour mieux m'en rendre compte j'ai décidé de franchir le pas. Après avoir conseillé les jeunes chefs d'entreprises pendant des années, je souhaite moi-même me confronter à cette magnifique aventure humaine. Là encore, je ne ferai certainement que suivre les traces de milliers de personnes, et me rendrai compte par moi-même des difficultés d'entreprendre et de mener à bien un tel projet. Et puis, n'est-ce pas le juste retour des choses ? Ne dois-je pas m'appliquer à moi-même, ce que j'exige des autres ?

J'ai, à juste titre, reproché aux professeurs de faculté de donner des cours sur des sujets qui leur étaient en réalité totalement étranger et à théoriser sur des organisations qu'ils seront toujours amenés à voir de l'extérieur. Autant aller au bout des choses et suivre sa logique jusqu'au bout.

Lorsque mon fils me demandera quelle a été ma plus grande satisfaction professionnelle, je pourrai dire avec fierté qu'elle a été d'aider les gens à réaliser leurs rêves. Aussi fous et irréalistes soient-ils.

125

Invitation

Venez me retrouver sur ma page Facebook ou mon blog afin d'échanger, partager, et rire. En gardant à l'esprit une certaine bienveillance et le respect de ces hommes et femmes habités par l'esprit d'entreprendre et qui font et feront l'économie de demain.

www.facebook.com/coulissesentrepreneuriat

http://robinadamlivre.wix.com/entrepreneuriat

Notes

---

[1]   Bachoter : l'art de préparer un examen de manière intensive sans grand investissement au quotidien.

[2]   Un fromage blanc : outre sa valeur nutritive, le fromage blanc n'a pas de réel intérêt ni de facultés intellectuelles et manuelles.

[3]   Pôle Emploi pour les jeunes depuis la réforme de 2009 qui a abouti à la fusion de l'ANPE (en charge du placement des demandeurs d'emplois) et des ASSEDIC (en charge de leurs indemnisation).

[4]   Neuneu : Personne éprouvant certaines difficultés à raisonner, mais restant convaincue de sa supériorité intellectuelle. Attention un Neuneu peut en cacher un autre dans bien des domaines.

[5]   Cette situation a quelque peu évolué lors des dernières années afin de limiter certains abus.

[6]   Homauto-moto : déclinaison possible homo-rugbius, homo-téléfootus. Espèce appartenant à la famille des homnidés (des hommes) mais s'adonnant régulièrement au visionnage télévisuel de son sport favori, et à la dégustation de bière et de pizzas.

[7]   Plan d'affaire présentant le porteur de projet, son marché, son produit et ses objectifs financiers.

[8]   Geek : ce terme regroupe les passionnés d'informatique, souvent associables et lobotomisés. Certains spécimens peuvent passer 20h par jour devant l'objet de leur désir "the computer" et se retrouver totalement déconnectés de la réalité.

[9]   Power-Point : logiciel informatique de présentation largement utilisé par les consultants et professionnels afin de tenter de rendre intelligent et structuré leur discours.

[10]   Bouzeux : langage commun, généralement utilisé par les gens de la ville afin d'asseoir une supposée supériorité intellectuelle et culturelle.

[11]   Bisounours : personnages de dessin animé totalement

dépourvus de méchanceté et de malhonnêteté. Tout le monde est beau et gentil dans le monde des Bisounours.

[12]   Rocancourt : célébrité française de l'arnaque et de l'escroquerie.

[13]   Géotrouvetou : Inventeur fou créé par Walt Dysney en 1953 et ayant influencé plusieurs générations de personnes cherchant l'idée révolutionnaire qui allait les mener à la gloire et la fortune.

[14]   Loose land : Traduction littérale « territoire branlant », comme certaines idées de création d'entreprises.

[15]   Insectes ayant la particularité de ne vivre que quelques heures à l'âge adulte.

[16]   Hadès 2.0 : Roi des morts dans la mythologie Grecque, Hadès règne sur le monde sous-terrain. Ce dernier, a tout pouvoir, notamment celui de fournir internet et le haut débit à ses hôtes et ainsi de contribuer au développement du 2.0. Le 2.0 étant la possibilité via le net d'interagir pour les internautes d'outre tombe.

[17]   Auto-entrepreneur : personne auto-accompagnée, qui a auto-créé son entreprise, et l'auto-gère. Une majorité de ces auto-entrepreneurs n'auto-développe pas réellement son activité par manque de recul et de conseil. Pour certains c'est l'auto-descente aux enfers.

[18]   Emergence de projet : phase en amont de la création d'entreprise, durant laquelle le projet n'est pas encore totalement défini.

[19]   Siliconne de la Vallée : expression visant à mettre l'accent sur les limites intellectuelles d'une porteuse de projet dans le domaine de l'informatique et des nouvelles technologies. Version française de la fameuse Silicon Valley américaine regroupant grand nombre d'entreprises à la pointe de la technologie.

[20]   Usine à gaz : par définition l'usine à gaz est sans utilité. En y intégrant du personnel qualifié, il est néanmoins possible de brasser de l'air en grande quantité. Cela ne sert strictement à rien sinon à occuper des gens. A noter que ces structures sont généralement dépendantes directement ou indirectement de fonds publics.

[21]   Oit : Verlan de « toi ». Son utilisation est évidemment peu appropriée à un contexte professionnel.

22   Suppôt de l'Etat : en référence au « Suppôt de Satan ». Personne malfaisante au service de la nation. Pour beaucoup de personnes ceci n'est d'ailleurs qu'un pléonasme puisqu'en travaillant pour l'Etat, on est forcément malfaisant et malhonnête.

23   La Recherche et Développement (R et D) est entre autres l'ensemble des actions d'une entreprise visant à créer de nouveaux produits.

24   Tribu de chasseurs de mouches : ensemble d'individus si peu productifs et actifs que leur seule activité quotidienne consiste à chasser les insectes volants ayant fait de leur corps une piste d'atterrissage internationale.

25   Serial entrepreneur : Entrepreneur récidiviste dont les motivations peuvent être diverses : goût du risque, recherche de la fortune.

26   Expression régulièrement utilisée par les économistes, visant à spécifier que certains paramètres influençant l'analyse sont laissés de côté.

27 Les rapports Hayat et Mathot de 2010 et 2012 ont servi de base de réflexion des Assises de l'entrepreneuriat.